Kurt Krömer

DU DARFST NICHT ALLES GLAUBEN, WAS DU DENKST

Kurt Krömer

DU DARFST NICHT ALLES GLAUBEN, WAS DU DENKST

Meine Depression

Kiepenheuer & Witsch

Aus Verantwortung für die Umwelt hat sich der *Verlag Kiepenheuer & Witsch* zu einer nachhaltigen Buchproduktion verpflichtet. Der bewusste Umgang mit unseren Ressourcen, der Schutz unseres Klimas und der Natur gehören zu unseren obersten Unternehmenszielen. Gemeinsam mit unseren Partnern und Lieferanten setzen wir uns für eine klimaneutrale Buchproduktion ein, die den Erwerb von Klimazertifikaten zur Kompensation des CO_2-Ausstoßes einschließt.

Weitere Informationen finden Sie unter:
www.klimaneutralerverlag.de

FSC
www.fsc.org
MIX
Papier aus verantwortungsvollen Quellen
FSC® C014496

12. Auflage 2023

Covergestaltung: Barbara Thoben, Köln
Covermotiv: © Urban Zintel
Gesetzt aus der Chaparral Pro
Satz: Buch-Werkstatt GmbH, Bad Aibling
Druck und Bindung: GGP Media GmbH, Pößneck
ISBN 978-3-462-00254-6

Für meine Kinder

TEIL 1

DAS OUTING

Torsten Sträter hatte recht. Nach der Folge meiner Fernsehsendung »Chez Krömer«, in der wir über unsere Depressionen gesprochen haben, sagte er im Backstage zu mir: »Jetzt stell dich mal auf einen Tsunami an Nachrichten ein. Du wirst Monate brauchen, um alle Nachrichten zu beantworten, wenn du es überhaupt schaffst.« Ich wollte das gar nicht glauben. Ich habe ihn komisch angeguckt und dachte nur: »Na, Diggi, jetzt übertreib mal nicht. So zwanzig, dreißig Mails werden mich da schon erreichen, aber das kann man ja dann gut abschieben auf das Management.«

Was dann passierte, war aber wirklich unfassbar. Es war wie eine Atombombe, aber niemand musste sterben, eine positive Atombombe. Ein positives Strahlen. Die Atombombe geht hoch und alle freuen sich, sind happy und merken abends, dass sie im Dunkeln leuchten.

Ich weiß noch genau, wie ich mich gefühlt habe, als ich aus der Sendung rausgegangen bin. Wir haben pandemiebedingt ohne Publikum aufgenommen, da war also keiner, der irgendwas mitbekommen hat. Torsten war da, ich war da, das Team vom rbb war da und das alles hat sich angefühlt wie ein Coming-out. Ich weiß bis heute nicht, ob ich das überhaupt so nennen darf, ob ich mich mit jemandem vergleichen darf, der homosexuell ist, auf dem Dorf lebt, seine Homosexualität über Jahre versteckt hat und sich dann outet. Ob das mit der Gewalt, die da auf dich einwirkt, vergleichbar ist. Ich bin nicht schwul, aber ich kann mich so gut in die Situation reinversetzen, dass man etwas mit sich rumträgt, was keiner wissen darf, dass man eine Geschichte hat, die man den anderen nicht erzählt. Dass man lügt.

Die Lieblingsfrage des Depressiven ist natürlich »Wie geht's dir?«. Ich habe einfach immer gesagt, dass es mir gut geht. Aber genau so wurde ich auch erzogen, man darf eben nicht klagen. Selbst wenn man mit einem Kopfschuss rumrennt, hätte man niemals gesagt: »Mir tut der Kopf weh«, sondern: »Mir geht es gut. Und dir?« Und dann hätte man abgewartet, bis das Gegenüber sagt: »Mir auch.« Und dann wäre man im Gespräch. Ich habe also eine Art Doppelleben geführt. Einerseits die traurige, depressive, verzweifelte Seite, von der ich ja jahrelang überhaupt nicht wusste, wo das herkommt, was mit mir los ist. Ich habe darüber nie gesprochen, mit keinem, weil ich wie so viele dachte: »Na ja, mir geht's ja gut. Ich habe ja alles. Ich habe vier gesunde Kinder, ich habe ein großes Haus, ich habe einen Garten, Karriere läuft, Kohle ist vorhanden. Da darf ich doch jetzt nicht klagen. Anderen geht's viel schlechter als mir.« Vielleicht muss ich da mal mit meinen schwulen Freunden drüber reden, ob ich das Coming-out nennen darf, denn für mich fühlt es sich genauso an.

Als ich nach der Sendung aus dem Studio kam, da

setzte dieser Effekt schon ein, ich lief durch Berlin, erhobenen Hauptes, strahlend, und habe diesem Gefühl gefrönt, ich dachte: »Yes, mir geht's gut und euch so?« Es fühlte sich in diesem Moment so an, als müsste jeder schon Bescheid wissen über mich. Ich hatte mit Torsten Sträter im Fernsehen über meine Depression gesprochen, also müssten jetzt acht Milliarden Menschen auf der Erde wissen: Der hatte Depressionen und ist jetzt geheilt.

Und als die Folge dann wirklich ausgestrahlt und besagte Atombombe gezündet wurde, da wurde mir erst richtig klar, was da eigentlich passiert ist. Es waren ungelogen Tausende von Nachrichten in Form von E-Mails, sogar handschriftlich geschriebenen Briefe, meine Facebook-Seite ist explodiert, die Instagram-Seite ist explodiert, sodass ich wirklich Wochen, Monate dafür gebraucht habe, um mir das alles durchzulesen. Anfangs habe ich noch versucht zu antworten: »Danke für den Glückwunsch«, aber ich habe schnell gemerkt, dass mit diesem Glückwunsch auch immer noch etwas anderes verbunden war, nämlich: »Ich kenne das auch!« Es waren viele Hilferufe dabei, bei denen ich dachte: »Ach du Scheiße, das kann ich jetzt nicht managen.« Ich bin ja kein Therapeut und auch kein Arzt. Das erinnerte mich an Klaus Jürgen Wussow, den Dr. Brinkmann aus der Schwarzwaldklinik, der als Privatperson wirklich auf der Straße angesprochen wurde, die Leute haben ihm von ihren Wehwehchen erzählt: »Mir tut das Knie weh, was können wir da machen?« Hat der dann wirklich Diagnosen ausgesprochen? Hätte nur noch gefehlt, dass er sagt: »Komm mal morgen in die Schwarzwaldklinik.« Das wollte ich nicht und das will ich jetzt eigentlich immer noch nicht. Deswegen ist mir ganz wichtig, dass alle wissen: Ich bin kein Therapeut, ich bin kein Arzt, ich kann keine Diagnosen stellen – Gott bewahre –, sondern ich möchte einfach meine Geschichte erzählen.

Ich habe gemerkt, dass du, wenn du jetzt depressiv sein solltest oder wenn du mal depressiv warst, dich in dem, was ich sage oder was ich hier schreibe, spiegeln kannst. Dann denkst du vielleicht: »Oh, das ist ja bei mir genauso.« Vielleicht weißt du noch gar nicht, dass du depressiv bist und jetzt läuten bei dir die Glocken, wenn ich von meinen Symptomen erzähle: Schlafschwierigkeiten, Gereiztheit, Antriebslosigkeit und dann natürlich immer diese schwarze Wolke über dem Kopf, diese emotionale Leere. Ich nenne dir dafür mal ein Beispiel: schöne Situation, du bist mit deiner Freundin / deinem Freund am Rumturteln und die Freundin / der Freund sagt: »Ich liebe dich«, und du merkst, das kommt gar nicht bei dir an. Für dich ist das einfach ein Spruch, als würde jemand sagen: »Guck mal, da liegt ein Stück Holz.« Du hast keine Emotionen in dir.

Und das ist die Grundidee dieses Buches, dass ich meine Geschichte aufschreibe und Menschen sich darin vielleicht wiederentdecken. Vielleicht gibt dieses Buch ihnen sogar einen kleinen Anschubser, vielleicht denken sich Menschen dadurch: »Ey, die Symptome kommen mir bekannt vor, habe ich auch schon seit Jahren, gehe ich doch mal zum Arzt.«

Mich hat das ehrlich gesagt komplett überrannt, dass sich auf einmal so viele Leute gemeldet haben, das waren ja Tausende Menschen, die geschrieben haben: »Ey, das sind die Symptome, die ich auch schon seit Monaten oder Jahren habe.« Und ich hatte natürlich große Angst, wenn sich Menschen gemeldet haben, bei denen es wirklich schon kritisch war, also Leute, die schrieben: »Ich habe keine Lust mehr zu leben.« Das hat mich fix und alle gemacht. Ich habe dann natürlich geantwortet und abgecheckt, ob sie jemanden haben, der bei ihnen ist, den sie ansprechen könnten. Ist ja klar, dass Selbstmordgedanken auf akute Schwierigkeiten hinweisen und man das auf gar keinen Fall unterschätzen darf. Wenn jemand äußert, dass er nicht mehr leben möchte, dann muss man diesen Menschen eigentlich sofort in die nächste Klinik zerren. Die Kliniken und Notaufnahmen sind auf diesen Fall eingestellt, da darf man keine Angst haben, jemand könnte sagen, man sei fehl am Platz. Genauso bei der Telefonseelsorge: Das sind Menschen, die professionell ausgebildet sind, die Ahnung haben, die auch die jeweiligen Adressen und Telefonnummern parat haben. Aber ich? Ich habe nicht mal einen Anrufbeantworter und dachte dann manchmal: »Scheiße, wenn sich jetzt jemand am Montag meldet mit akuten Selbstmordgedanken und ich checke aber mein Insta erst am Donnerstag, dann ist es vielleicht schon zu spät.« Das war für beide Parteien irgendwie ungünstig. Ich kann nicht akut helfen, alles, was ich kann, ist meine Geschichte erzählen.

KALTER ENTZUG

Ein junger Mann, Student, hat mir über Instagram eine Sprachnachricht geschickt und gesagt, er habe ein massives Alkoholproblem, er trinke drei Flaschen Wodka in der Woche und merke, dass das nicht gut sei. Er wollte davon wegkommen. Ich war zu dem Zeitpunkt, als ich seine Nachricht abhörte, selbst gerade beim Arzt und fragte mich dann, ob ich jetzt den Arzt für den Studenten um Hilfe bitten sollte. Aber eigentlich wusste ich ja nur zu gut, wie diese Hilfe aussah. Ich bin selbst seit zehn Jahren trockener Alkoholiker. Ich hatte damals selbst panische Angst vor der Klinik. Ich hatte mir eine Therapeutin gesucht, weil ich damals dachte: »Ey, mit mir stimmt doch irgendwas nicht!« Unsere Termine waren immer morgens um zehn und als ich zu meinem zweiten Termin in die Praxis kam, fragte mich die Therapeutin: »Herr Bojcan, sagen Sie mal, haben Sie denn heute schon was getrunken?« Das war ein Schock, ich war entsetzt und dachte: »Was soll denn das? Ist ja wohl eine Unverschämtheit. Ich bin doch kein Alkoholiker.« Dann habe ich gemerkt, dass der Alkohol vom Vorabend noch in mir drin ist, dass mein Körper noch ausdünstet, dass ich aus den Poren heraus anscheinend nach Alkohol stinke. Das war der Beginn dieser Therapie, zu der ich gegangen war, weil ich dachte, irgendwas Psychisches werde ich schon haben. Doch die Therapeutin meinte, wir müssten uns jetzt eigentlich erst mal um diese Alkoholgeschichte kümmern.

Ich war nämlich mal in einer dieser Kliniken. Mein damaliger Manager hatte mich völlig desolat in eine Klinik außerhalb Berlins eingeliefert, ich war einfach komplett zusammengebrochen. Ich wusste, dass es keine andere Möglichkeit mehr gab, ich musste mich einweisen lassen. Nach fünfzehn Minuten in dieser Klinik bekam ich eine Panikattacke. Mein Zimmer im Erdgeschoss war ganz klein, kleines Bettchen, Fernseher, kleiner Tisch, Stuhl, durch das Fenster konnte man einen Birkenwald sehen. Die Birken waren aber wirklich fünfzig Zentimeter vom Fenster entfernt und das fand ich total gruselig. Heute könnte ich mir nichts Schöneres vorstellen, als mal abzuschalten und in so einen schönen Birkenwald zu schauen, aber damals fühlte ich mich wie bei »Hänsel und Gretel« und dachte, die Hexe lauert in den Birken. Ich habe es jedenfalls nicht ausgehalten, ich bin geflüchtet. Ich hatte Angst.

In der dritten Sitzung bei der Therapeutin fragte ich: »Sagen Sie mal, wie lange braucht der Körper eigentlich, um zu entziehen?« Und sie antwortete, es dauere ungefähr zehn Tage. Und dann habe ich einen Plan gefasst: »Passen Sie auf, ich habe jetzt frei, zu Hause ist niemand für die nächsten zwei Wochen. Ich gehe jetzt nach Hause, schließe mich zehn Tage in meine

Wohnung ein und werde entziehen. Und wenn ich nach zehn Tagen wiederkomme und es nicht geschafft habe oder rückfällig geworden bin, dann ist der letzte Ausweg die Entzugsklinik.« Und ich habe es durchgezogen.

In den ersten drei Tagen wartete ich die ganze Zeit auf dieses Zittern, darauf, dass der Körper irgendwie rebelliert, dass er Alkohol fordert. Ich hatte mir das genauso vorgestellt wie in den schlechten Filmen, in denen sich die Leute auf dem Boden wälzen und schreien: »Gib mir Alk, gib mir Alk!« Darauf wartete ich also und zu meiner großen Verwunderung ist nichts passiert. Am vierten oder fünften Tag allerdings habe ich die Nacht durchgemacht und erst am nächsten Mittag Müdigkeit verspürt. Als ich dann schlafen wollte, dachte ich immer noch: »Boah, du bist hellwach.« Das war dann wohl die Psyche. Die Psyche hat Alkohol gefordert. Die Psyche war komplett am Arsch. Ich habe es dann geschafft, die zehn Tage durchzuhalten, und dann ging die Therapie eigentlich erst los. Das war mein Versuch, gegen den Alkohol anzustinken, einmal die Woche zur Gesprächs- und Verhaltenstherapie, ein Jahr lang. Heute bin ich stolz, dass ich seit zehn Jahren trocken bin.

Als sich der Student über Instagram bei mir meldete, dachte ich: Dieses Wissen, das kann ich jetzt weitergeben. Und gleichzeitig bin ich kein Arzt, ich kann nur Tipps geben. Genau das habe ich ihm in einer Sprachnachricht erklärt. Er hat sich geschämt und musste in seiner nächsten Nachricht dann auch weinen. Und während ich das hier schreibe, muss ich auch weinen, weil die ganze Scheiße gerade wieder hochkommt. Der erste Tipp, den ich ihm gegeben habe, lautete in etwa so: »Weißt du, Diggi, das ist eine Krankheit. Du musst das als Krankheit verstehen und dann schämt man sich auch nicht.«

Aber ich weiß auch noch genau, wie oft ich mich geschämt habe, weil ich mich im Delirium befunden hatte. Bei einer Veranstaltung in Hannover, das war so eine Gala-Scheiße, ist mir das mal passiert, in einer sehr extremen Form. Bei uns Künstlern ist das so: Wenn die Industrie dich zu einer Gala-Veranstaltung einlädt, dann gibt es richtig Asche. Die überschütten dich mit Kohle und dann musst du da halt antanzen und deine Faxen machen. Und das habe ich eben gemacht an diesem Tag. Um zwölf Uhr mittags wurde ich von einem Fahrer abgeholt, weil ich ja selbst keinen Führerschein habe, und wir fuhren Richtung Hannover. Ich habe mich innerlich so gegen diesen Auftritt gewehrt, fand alles scheiße und dachte: »Boah, du bist so eine Nutte, du lässt dich hier bezahlen und jetzt musst du hier aus 'ner Torte springen und die Leute sind ekelig und du hast da keinen Bock drauf ... machst du für Kohle eigentlich alles?« Und dann hatte ich mir eben bis zwölf Uhr mittags schon drei Augustiner Pils gegönnt, und noch bevor der Fahrer kam, ging ich noch mal zum Späti und kaufte mir für die Fahrt zwei weitere Flaschen. Also hatte ich um ein Uhr mittags einfach schon fünf Bier intus. Es war die Veranstaltung einer großen Autofirma, die dazu Prominente eingeladen hatte. Man musste nichts machen, einfach nur rumstehen und anwesend sein. Ich habe mich gefreut, als ich sah, dass es einen Bierstand gab, an dem das Bier in ganz kleinen Gläsern ausgeschenkt wurde. Für einen Alki ist das natürlich das Schönste, was es gibt. Nach fünf Sekunden ist das Ding leer und die Bierquelle versiegt nie. Also habe ich mich von diesem Stand nicht wegbewegt. Ich war an diesem Abend so besoffen, dass ich zu meinem Fahrer gesagt habe, dass er mich nach Berlin fahren soll, wir vorher nur noch kurz zum Hotel müssten. Dann hat er mich bis zum roten Teppich des Hotels gefahren, wo ich gestürzt und auf diesen Teppich geknallt bin und dann lag ich wohl auch lange so da, wie mir erzählt wurde. Keiner wusste, was los war. Als ich am nächsten Tag wach wurde, war die Bettdecke voller Blut. Das ganze Bett war rot. Ich hatte sofort Panik. Ich dachte, ich hätte jemanden umgebracht. Ich habe links und rechts neben das Bett geguckt, weil ich dachte, da liegt doch jetzt einer. Und das war das schrecklichste Erlebnis meines Lebens. Gott sei Dank hatte ich am nächsten Morgen Therapie.

Das war dann die Sitzung, in der mich meine Therapeutin darauf angesprochen hat, ob ich etwas getrunken habe. Nach der Therapie musste ich zu einer Synchronaufnahme für »Die Sendung mit der Maus«. Mein Kumpel Jakob Hein und ich hatten ein Kinderbuch geschrieben: »Gute Nacht, Carola«. »Die Sendung mit der Maus« hat daraus einen Zeichentrickfilm gemacht und ich sollte den Sprecher geben. Ich war im Vorfeld megastolz gewesen, dass ich das machen durfte. Aber an diesem Tag habe ich mich nur geschämt. Ich kam mir so erbärmlich vor, dass ich für kleine Kinder etwas einspreche und nach Alkohol stinke und schwitze wie ein Schwein, dass ich blasse Haut hatte und Augenringe. Ich habe mich in Grund und Boden geschämt beim Einsprechen. Ich konnte mich also gut in den Studenten reinversetzen, konnte das sehr gut nachvollziehen, was er mir erzählte. Das Erste, was mir meine Therapeutin gesagt hatte, war: »Herr Bojcan, Sie dürfen sich nicht schämen, Sie müssen das als Krankheit annehmen.«

DER ZUSAMMENBRUCH

So, jetzt denkst du bestimmt beim Lesen: »Warum redet der denn jetzt hier über Alkoholsucht? Ich habe mich doch so auf ein schönes, unterhaltsames Depressionsbuch gefreut.« Als ich 2020 für acht Wochen in einer ambulanten Klinik war, um meine Depressionen behandeln zu lassen, hatte ich eine Erkenntnis: der Alkohol war dazu da gewesen, die Depression wegzuschieben. Ich habe quasi mit Alkohol versucht, die Depression zu ertränken. Das hat auch wunderbar geklappt, nur dass ich dann auf einmal zwei Probleme hatte: Depression und Alkoholsucht. Diese Kombination hat dann 2009 erstmals zum kompletten Zusammenbruch geführt. Ich war zur ARD-Weihnachtsfeier in München eingeladen. Ich hatte mich darauf gefreut, alle Kolleginnen und Kollegen zu sehen und eine gute Zeit in München zu haben. Mein Hotel war zentral gelegen, in der Nähe war der Stachus, ein Platz, der in eine große Einkaufsstraße mündet, in der Nähe von Rathaus und Marientor. Es war Anfang Dezember und Tausende von Menschen sind mir in dieser Einkaufsstraße entgegengekommen. Und obwohl es sehr kalt war, habe ich angefangen zu schwitzen. Ich spürte, dass ich leichenblass aussehen musste. Ich bekam nicht mehr richtig Luft und hatte das Gefühl, ich würde jeden Moment umkippen. Ich war felsenfest davon überzeugt, dass ich sterben würde. Ich dachte, ich falle jetzt zu Boden, werde ohnmächtig und das geht dann in den Tod über. »Oh Gott, was passiert eigentlich, wenn da einer hinfällt? Denkt man dann, den lassen wir mal liegen, der ist besoffen? Oder kommt dann sofort einer, der hilft?«, dachte ich wieder und wieder. Ich stellte mir die Szene immer wieder vor und steigerte mich immer weiter in die Angst rein, gleich zu sterben, ohne dass jemand mir helfen könnte. Und auf einmal habe ich angefangen laut zu singen. Es war mir egal, ob das einer mitbekommen würde, ich konnte mich sowieso nur auf mich konzentrieren in diesem Moment. Ich habe laut gesungen, weil ich mich wach halten wollte. Mein Hals hat sich mehr und mehr zugeschnürt und die Menschenmenge um mich herum hat mich in eine solche Panik versetzt, dass ich versucht habe, in irgendeine Seitenstraße abzutauchen. Eigentlich war ich nur etwa zehn Minuten von meinem Hotel entfernt, aber durch all die Seitenstraßen brauchte ich fast eine Stunde. Und dann habe ich mich in mein Bett gelegt und war selig. Das war ein gutes Gefühl, im Bett zu liegen. Das Telefon hatte permanent geklingelt, das musste ich ausmachen, weil mich das sehr gestresst hat, es hat mir Angst gemacht. Jedes Mal, wenn das Telefon klingelte, hatte ich Todesangst. Ich kann nicht sagen, warum, es gab keinen wirklichen Grund dafür. Eine diffuse Angst war das, die mir wirklich körperliche Schmerzen bereitet hat. Tage später ging ich deswegen zum Arzt und musste erfahren: Das war die erste Panikattacke meines Lebens.

»DIE KARRIERE VON KURT KRÖMER IST VORBEI«

Was das früher für ein Stress war, diese Panikattacken, die Alkoholsucht, dazu ein Burn-out. Im Herbst 2008 habe ich elf Vorstellungen im Admiralspalast in Berlin gespielt, alle ausverkauft. Da es zu Hause zu stressig für mich war, hatte ich mich dazu entschieden, für zwei Wochen im Hotel zu leben. Also vierzehn Tage Hotel, elf Shows am Stück. Heute habe ich Gott sei Dank Leute um mich herum, die sagen würden: »Bist du bescheuert? Du kannst maximal drei Shows machen, dann brauchst du eine Pause, sonst gehst du vor die Hunde.« Ich hatte dem aber damals zugestimmt, weil ich es einfach geil fand, weil es Spaß gemacht hat. Und das ist ein bisschen das Problem an meinem Beruf. Es gibt keine für mich erkennbare Grenze, denn ich mache eine Sache, die mir total Spaß macht. Damals kam noch hinzu, dass ich einfach gierig war, nach Erfolg, nach Applaus, auch nach Zustimmung.

Diese elf Shows habe ich einigermaßen gut über die Bühne gebracht, dann war eine zweiwöchige Pause, bevor es weiter nach Hamburg gehen sollte. Ich wollte diese Pause in Hamburg verbringen, auch da in einem Hotel, um einfach runterzukommen, um zuzusehen, dass ich die Zeit dazu nutze, wieder gesund zu werden, denn ich war nicht gerade in bester Verfassung. Ich war wackelig, ich konnte nicht mehr richtig laufen, ich war komplett angestrengt. Als ich mich dann dort einquartiert hatte, habe ich gemerkt, wie ich dieses Gefühl, im Bett zu liegen und die Bettdecke bis zum Hals hochzuziehen oder manchmal auch bis über den Kopf rüber, als sehr wohlig empfunden habe. Wie ein kleines Baby auf dem Schoß der Mutter oder vielleicht sogar ein Embryo im Bauch. Ich dachte, das sei das Einzige auf der Welt, was schön ist: im Bett zu liegen. Ich habe mir dann »Ich heirate eine Familie« im ZDF angeschaut, mit Peter Weck und Thekla Carola Wied. Eine total schnulzige Serie, aber das war genau das Richtige in dieser Situation. Ich lag also im Bett, ich war zugedeckt, ich schaute mir eine schnulzige Serie an, in der es um nichts ging. Alles Sachen, die den Kopf nicht angestrengt haben, die mir keine Angst gemacht haben. In dieser Zeit hat mir ja wirklich alles Angst gemacht. Es war die Zeit, in der ich eigentlich immer bis zwölf Uhr geschlafen habe, dann panisch aufs Telefon gestarrt habe, nicht in der Lage, jemanden anzurufen.

Ich wollte gern beim Room-Service anrufen und eine Flasche Weißwein bestellen und für diesen Akt brauchte ich eine halbe Stunde Anlauf. Ich dachte: »Scheiße, wenn dann die Flasche irgendwann leer ist, dann musst du noch mal da anrufen.« Und dann habe ich mittags um zwölf Uhr beim Room-Service angerufen und habe zwei Flaschen Weißwein auf Eis bestellt. Das war natürlich alles suboptimal. Mein Zustand verschlechterte sich mehr und mehr, also ging ich zu meinem Tourmanager, der im gleichen Hotel wohnte, und sagte: »Wolfgang, ich kann nicht mehr! Ich kann nicht auftreten. Es geht gar nichts mehr.« Und dann haben wir alles abgesagt. Die Tournee war sowieso schon fast zu Ende gespielt, es waren noch vier Auftritte, die wir absagen mussten.

Zurück in Berlin fuhr ich in die Charité, wo mein Kumpel Jakob Hein arbeitete. Ich saß da wie ein Häufchen Elend und habe gesagt: »Jakob, ich kann nicht mehr. Ich habe das Gefühl, ich muss sterben.« Jakob hat mir erst mal Tabletten verschrieben.

Rückblickend merke ich, wie anders die Zeiten damals waren. Es galt, keine Schwäche zu zeigen, bloß nicht über Krankheit zu reden. Es durfte niemand wissen, dass Kurt Krömer krank ist, dass er seine Tour krankheitsbedingt absagt. Die Idioten von der Klatschpresse haben dann doch davon Wind bekommen und mich wie ein Schwein durchs Dorf gejagt. Überschrift: »Burn-out«. Eine Zeitschrift hat sogar getitelt: »Kurt Krömer liegt im Sterben.« Und das hat natürlich alles nur noch verschlechtert. Ich habe sie verklagt. Ich war so sauer, ich war so verletzt. Wie ein angeschossenes Tier, von dem man trotzdem verlangt zu kämpfen.

Das alles hat natürlich meine Angst noch verstärkt. Ich trug damals eigentlich immer ein Käppi und eine Sonnenbrille. Ich hatte eine solche Angst davor, erkannt und darauf angesprochen zu werden; Angst davor, dass mich Fans anschreiben oder ansprechen und fragen: »Was ist denn jetzt los? Warum ist denn dein Auftritt ausgefallen?« Es war eine diffuse Angst vor den Konsequenzen, die daraus folgen sollten, ja, vor Sanktionen.

Ich stellte mir vor, wie irgendjemand sagen würde: »Die Karriere von Kurt Krömer ist vorbei. Der hat vier Auftritte abgesagt.« Im Nachhinein absolut lächerlich, aber zur damaligen Zeit war das genau so.

UND DANN WAR ICH IMPOTENT

Und dann war ich impotent. Die Nudel hing, nichts ging mehr. Ich weiß nicht, wie das bei Frauen ist, wenn die Libido auf Betriebsferien ist, aber bei Männern ist das eine sehr, sehr große Katastrophe. Wir definieren uns ja über nicht so viel: Fressen, ficken, fernsehen – wenn eine Sache davon wegfällt ... also jetzt mal im Ernst: Ich war wirklich geschockt. Was sollte denn noch alles passieren? Die Stimmung war eigentlich dauerhaft im Arsch, ich wusste ja damals noch nichts von den Depressionen. Tag und Nacht diese diffusen Ängste und dann also auch noch untenrum tote Hose. Ich habe mich dann abgetastet, ich habe mir die Hoden abgetastet und dann natürlich auch sofort einen Knoten gefunden. Für mich war also sonnenklar: Hodenkrebs! Ausgerechnet zu dieser Zeit hatte ich Besuch von einem Kumpel, der extra von Afghanistan nach Deutschland gekommen war, um hier seinen Prostatakrebs behandeln zu lassen. Er war sehr früh erkannt worden, konnte also gut wegoperiert werden. Dieser Besuch zur falschen Zeit hat mich zum Hypochonder gemacht. Ich habe daraufhin einen Termin beim Urologen gemacht, der letzte Termin war etwa zwanzig Jahre her gewesen. Komischerweise die gleichen Symptome: untenrum tote Hose. Damals, vor zwanzig Jahren, hatte der Arzt mich fünf Minuten untersucht, dann in die Schublade gegriffen und mir vier Pillen Viagra gegeben und mich mit folgenden aufmunternden Worten entlassen: »Ja, ist halt so, hier, bitte schön.« Das hatte mich verstört. Ich dachte: »Okay, was ist Impotenz eigentlich?« Ich habe mir das dann noch mal erklären lassen, dass man Erektionsstörungen mit Viagra oder anderen Pillen behandeln kann, eine richtige Impotenz allerdings kriegt man eigentlich nur mit einer Spritze in den Griff. Du spritzt dir also ein Serum in das Glied und es wird steif. Möchtest du dann, dass das Glied nicht mehr steif ist, nimmst du die zweite Spritze, wieder rein in den Penis und er ist nicht mehr steif. Also relativ unsexy, wenn ich mir vorstellte, ich müsse erst mal ins Bad verschwinden und mein Serum spritzen, bevor es losgehen kann.

Erst viele Jahre später wusste ich dann, dass das alles mit der Depression zusammenhängt. Der Kopf ist quasi so beschäftigt mit Denken, dass er sich vom Lustzentrum abkoppelt und sagt: »Ey, Diggi, ich bin hier so beschäftigt mit Nachdenken, lass uns mal unten Betriebspause machen.«

Beim zweiten Mal dachte ich dann: »Du Vollidiot, du warst jetzt zwanzig Jahre nicht beim Urologen. Eigentlich sollte man ja, gerade jetzt in meinem Alter, mindestens einmal im Jahr dahin.« Jedenfalls habe ich mich geschämt und ich hatte Angst, weil ich natürlich dachte: »Scheiße, mein Kumpel aus Afghanistan, der war halt rechtzeitig beim Arzt. Aber was ist denn, wenn vor zwanzig Jahren der Krebs bei mir schon entstanden ist?« Ich habe mich da so reingesteigert, dass ich wirklich dachte, da passiert jetzt eigentlich nichts anderes, als dass der Arzt mir gleich mein Todesurteil ausspricht und sagt: »Herr Krömer, 'ne Langspielplatte brauchen Sie sich heute nicht mehr kaufen.«

Mein Urologe erzählt mir heute noch, dass ich in einem solch besorgniserregenden Zustand bei ihm aufgeschlagen bin, dass er richtig Angst hatte. Ich kannte den Urologen ja damals nicht, und er wiederum kannte mich nur aus dem Fernsehen. Er sagt, ich sei auf ihn zugekommen, er hinterm Schreibtisch, und er ist mit seinem Stuhl richtig ein Stück zurückgefahren, weil ihn meine Aura irgendwie beängstigt hat. Ich war kreidebleich, ich war total angespannt, ich muss total ernst geguckt haben. Dann habe ich ihm meine krude Geschichte erzählt, dass ich da irgendwie untenrum etwas gespürt habe und dass ich denke, dass das Krebs sei. Dabei habe ich geweint, weil ich mich endlich überwunden hatte, zum Urologen zu gehen. Ich dachte: »Ey, jetzt bin ich endlich da.« Und gleichzeitig dachte ich: »Ja, aber du bist halt jetzt zu spät.« Dann hat der Arzt mich untersucht, hat die Hoden abgetastet und einen Ultraschall gemacht. Und der Knoten, den ich als Krebsgeschwür diagnostiziert hatte, war eine Zyste. Er sagte dann also wirklich: »Alles gut, kein Tumor, kein Krebs.« Und ich konnte einfach keine Erleichterung zulassen, sogar das Gegenteil war der Fall. Ich steigerte mich in diese Materie so tief rein, immer weiter, dass ich das nicht wahrhaben wollte, dass jetzt hier Schluss war, dass der Arzt, der studiert hatte, der Praxiserfahrung hatte, jahrzehntelang, dass der mir jetzt sagt:

»Jetzt können Sie wieder nach Hause gehen und in einem Jahr sehen wir uns zur nächsten Vorsorgeuntersuchung wieder.«

Wer von euch depressiv ist oder das mal erlebt hat, der kann sicherlich nachvollziehen, dass man auch positive Nachrichten nicht annehmen kann. Mein Urologe hätte auch sagen können: »Herr Krömer, ich habe mich in Sie verliebt. Ich liebe Sie und möchte Sie heiraten«, das hätte bei mir kein müdes Arschzucken erzeugt. Als ich dann raus war aus der Praxis, völlig verstört, habe ich diese Problemschraube immer weiter gedreht, immer tiefer und dann habe ich eine Woche später noch mal einen Termin gemacht und gesagt: »Da ist irgendwas anderes.« Und dann haben wir ein CT gemacht, aus dem CT wurde noch ein MRT, also rein in die Röhre. Man kann ja wirklich den ganzen Körper in Scheibchen schneiden und sieht jeden kleinen Fitzel. Wenn sich also irgendwo ein stecknadelgroßer Tumor befunden hätte, auch wenn er nur halb so groß gewesen wäre wie ein Stecknadelkopf, dann hätte man das gesehen. Und der Radiologe sagte auch: »Alles so weit in Ordnung.« Dann haben wir noch ein bisschen über meine Lunge gesprochen, ich rauche ja seit dreißig Jahren, und auch da sagte der Arzt: »Nichts zu sehen. Sie könnten jetzt immer noch Perlentaucher werden.« Das habe ich ihm jetzt nicht so richtig abgenommen, aber ganz egal. Ich saß da wieder mit einem Fachmann, einem Menschen, der das studiert hatte, der in seinem Beruf eine Koryphäe war, und auch dem habe ich nicht getraut. Ich habe diesen Menschen einfach nicht getraut.

Mit dem Ergebnis vom MRT bin ich wieder zu meinem

Urologen gegangen und hab gesagt: »Ich habe Schmerzen im Glied. Irgendwas hat sich da verengt. Irgendwas schmerzt beim Wasserlassen.« Und da ich immer eine Urinprobe abgegeben habe und der Urin immer untersucht worden war und immer alles unauffällig gewesen war, zündete er die richtig große Rakete: »Wir können mit einer Kamera in ihre Harnröhre reingehen und gucken, ob da alles so weit in Ordnung ist.« Und an dem Punkt wurde ich dann so richtig blass. Wir wechselten für diese Untersuchung den Raum, in dem schon eine Arzthelferin parat stand, die mich schon ganz besorgniserregend ansah. Spätestens da wusste ich: Aua, aua. Die Arzthelferin hat ja sicher auch schon viel erlebt, wenn die so guckt, dann wird das hier gleich richtig lustig. Und dann saß ich schon auf einem Stuhl, der fast so aussah wie der beim Gynäkologen. Ein ganz altertümlicher Stuhl war das, wie aus den Fünfzigerjahren, die Fliesen um mich herum waren grau, ein bisschen sah es aus wie in einem Schlachtraum, in den sie mich da geführt hatten. Also Hose runter, rauf auf den Stuhl und der Arzt, der wahrscheinlich sowieso schon gedacht hat: »Der hat sie doch nicht alle«, guckte mich jetzt auch ängstlich an. Alles psychologisch recht kontraproduktiv. Jedenfalls holte er dann sein Gerät raus und führte mir das Ding etwa drei Millimeter in die Harnröhre ein, bevor ich laut geschrien habe und aus Versehen, quasi reflexartig, der Arzthelferin eine mitgegeben habe. »Pause, Pause, Pause«, habe ich geschrien. Und vorab war sogar noch alles betäubt worden. Wir haben dann noch einen Versuch gestartet, und ich weiß nicht, ob ich mir das eingebildet habe oder mich zu sehr reingesteigert habe, aber das war für mich so ein starker Schmerz, dass ich die Untersuchung abbrechen musste. Das sehr angestrengte »Bleiben Sie entspannt, bleiben Sie entspannt!« hat ehrlich gesagt auch nicht sonderlich geholfen. »Ich glaube, mir ist das jetzt gar nicht mehr so wichtig, ob da irgendeine Harnröhre verengt ist oder nicht«, dachte ich.

Bei einem der vielen Termine habe ich ihm auch noch von meinen Erektionsproblemen erzählt und er sagte: »Das ist der Stress.« Heute ist mir das alles sonnenklar. Ich habe einen tollen Beruf, den ich über alles liebe, der aber sehr anstrengend ist, also stressig. Ich habe vier Kinder und erziehe drei davon alleine, das ist jetzt auch nicht gerade Urlaub. Das ist auch Stress, es ist kompletter Stress. Dazu dann noch die Depression – davon wussten wir beide ja damals nichts –, die mich noch runtergezogen hat. Das alles, mein Leben, war ja quasi eine permanente Stresssituation.

Und jetzt kommt's. Genau in dieser impotenten Phase habe ich mich verknallt. Ich habe eine Frau kennengelernt, ich fand das wunderbar, sie fand das wunderbar, wir haben gemerkt, da ist etwas, da passiert gerade was. Ich habe das sogar zugelassen, habe mich darüber gefreut, weil ich fünf Jahre lang Single gewesen war. Eigentlich hatte ich gedacht, in dieser Konstellation – alleinerziehend, dieser sehr anstrengende Beruf, das viele Reisen, die ständigen Besprechungen – kann ich ja eigentlich gar keine Frau kennenlernen. Ehrlicherweise denke ich noch heute so. Ich bin in allem, was ich mache, autonom: Ich koche, ich putze, ich kaufe Klamotten für die Kinder, ich kümmere mich, ich beschäftige sie. Dieses klassische Modell, wie mein Vater es gelebt hat, sprich:

Such dir eine Frau für die Küche, eine gute Hausfrau und Mutter; das wollte ich nicht. Das sehe ich alles natürlich komplett anders.

Ich wusste gar nicht, wie das überhaupt gehen sollte. Wie sollte denn jetzt bei mir zu Hause das Zusammensein mit einer Frau aussehen?, von der ich mir wünschen würde, dass sie autonom ist, dass sie emanzipiert ist, dass sie ihren eigenen Kopf hat, dass sie macht, was sie für richtig hält. Und was für eine Frau macht das alles mit? Eine Frau, die selber Kinder hat, denn das wäre doch schön, vielleicht ja auch vier Kinder, dann hätten wir zusammen acht Kinder. Dann dachte ich aber doch: »Acht Kinder, ist das nicht ein bisschen viel?« Vielleicht muss ich mir eine Frau suchen, die nur zwei Kinder hat. Was ist, wenn ich eine Frau kennenlerne, die gar keine Kinder hat? Würde ich dann sagen: »Okay, kein Problem. Ich habe ja auch schon vier.« Oder würde ich mich fragen, warum diese Frau keine Kinder hat? Wenn sie Kinder nicht mag, dann geht das alles natürlich eh nicht: »Hallo, das ist meine neue Freundin, die mag keine Kinder, herzlich willkommen, schönes Restleben für alle Beteiligten hier in meinem Haus.« Was ist, wenn ich eine Frau kennenlerne, die keine Kinder hat, aber gerne Kinder möchte? Ich habe vier Kinder, das reicht mir, weil ich die über alle Maßen liebe. Und auch wenn die dann größer werden, selbstständig sind, dann werde ich ja immer noch auf sie aufpassen, mich kümmern, für sie da sein. Will sagen: Wenn ich noch ein Kind kriege, dann wird das hier richtig stressig.

Jedenfalls trat diese Frau in mein Leben und in der Verliebtheitsphase haben wir noch gar nicht groß über

Kinder gesprochen. Ich wollte das genauso, erst mal ein paar Monate gucken, ob das zwischen uns überhaupt passt. Wie schrecklich wäre es gewesen, wenn ich eine Freundin mit nach Hause gebracht hätte, und dann wäre das nach zwei Wochen in die Brüche gegangen und ich hätte meinen Kindern sagen müssen: »Die kommt jetzt doch nicht mehr.« Da wollte ich wirklich vorsichtig sein. Natürlich hatte ich sofort erzählt, dass ich Kinder habe, das schien auch erst mal kein Problem für sie zu sein und das machte mich total happy, dass ich akzeptiert wurde als alleinerziehender Vater, bei dem es zu Hause stressig zugeht.

In dieser Zeit – noch vor Knutschen und Sex – dachte ich natürlich ständig: »Irgendwann wird es ja mal Sex geben. Wie sage ich das denn jetzt, dass der Ofen aus ist?« Da stand ich also, alleinerziehender Vater mit diesem äußerst stressigen Beruf, immer komplett am Limit, und dachte: »Wenn ich jetzt noch sage, dass ich auch keinen Sex haben kann, weil ich impotent bin und auch nicht weiß, ob sich da jemals irgendwas ändern wird, na dann gute Nacht, Marie!«

Das war eine beschissene Situation und ich habe mich vor diesem Gespräch lange gedrückt. Ich hatte Angst, dass dieses Verliebtsein dann vorbei gewesen wäre. Ich hatte Angst davor, dass mir dieses Gefühl wieder genommen würde.

Einmal kamen wir dann zufällig auf das Thema Sex und sie sagte, Sex sei ihr sehr wichtig, nicht das Wichtigste für eine Beziehung, aber eben schon sehr wichtig. Bei mir blieb natürlich nur »sehr wichtig, sehr wichtig, wichtig, wichtig, wichtig« hängen. Ich dachte, genau in diesem Moment müsste ich dazwischengrätschen und sagen: »Pass mal auf, ich finde Sex auch sehr wichtig, aber geht leider bei mir nicht.« Aber lieber bin ich weiter zum Urologen gerannt, Urinprobe um Urinprobe, bis dieser eher eine Art Psychologe für mich war. Wir hatten ja alles untersucht, was es zu untersuchen gab, und dann haben wir einfach geredet. Er hat oft gesagt: »Suchen Sie sich einen Therapeuten.« Er hat mir sogar welche vorgeschlagen. Und dann immer wieder: »Sie haben Stress, der Stress muss weg.« Ich habe das aber nicht akzeptiert. Mir wurden dann Pillen verschrieben, kein Viagra, aber doch ein potenzsteigerndes Mittel, und der Arzt sagte noch dazu: »Die brauchen Sie eigentlich nicht.« Aber ich dachte nur panisch: »Doch, ich bin verknallt, irgendwann kommt es zum Sex, ich traue mich noch nicht, das der Frau zu sagen. Ich brauche diese Pillen!« Anders als Viagra wirkt dieses Mittel über Tage, nicht nur wenige Stunden. Wenn du Lust auf Sex hast, dann wird ein Schalter umgelegt im Gehirn und untenrum ist alles feierlich – wie auch immer das funktionieren soll. Ich war gerade auf Tour in Hannover, als ich dachte, ich sollte dieses Zeug wohl besser mal testen. Der Arzt hatte gesagt, eine halbe Tablette würde ausreichen. Ich dachte aber natürlich: »Also wenn's knallen soll, dann volle Pulle.« Gönn dir. Ich warf eine ganze Pille ein, legte mich ins Bett und wartete auf den Erlöser. Nach einer Stunde hätte die Wirkung eintreten sollen, doch stundenlang passierte: nichts. Nach vier Stunden dachte ich: »Okay, dann bin ich halt so impotent, dass ich vielleicht wirklich diese Pimmel-Spritzen brauche?« Ich habe also noch eine halbe Tablette zusätzlich genommen. Zwei Stunden später setzte die Rakete dann zum Abflug an. Das Komische war, dass er zwar steif wurde, aber diese Steifheit passte überhaupt nicht zu den Sachen, die bei mir im Kopf abgingen. Harmlose erotische Vorstellungen führten also zu einem Titangebilde in meiner Unterhose. Für die Freunde von Game of Thrones, ich sage nur: Valyrischer Stahl. Das alles machte mir aber eher Sorgen, denn wenn das Bild im Kopf zehnfach in der Unterhose verstärkt wird, dann stimmt doch was nicht. Ich war mit diesem Resultat äußerst unzufrieden, weil es einfach too much war. Da habe ich mich an die Worte des Urologen erinnert, der gesagt hatte: »Sie brauchen das nicht.«

Ein paar Tage später habe ich dann wirklich nur eine halbe Pille genommen und dann kam es tatsächlich irgendwann zum ersten Sex mit meiner damaligen Freundin. Sagen wir mal so: Da wurde nichts bemerkt von meinen Problemen. Lief gut! Trotzdem kam ich mir vor wie ein Betrüger, ich musste ja auch immer die Zeit genau abpassen, was im Übrigen natürlich völlig unerotisch ist. Dann denkst du ja ständig: »Okay, wenn wir abends essen gehen, dann sind wir um 20 Uhr im Restaurant, um 22 Uhr sind wir fertig, also dann sollte ich im Restaurant gegen 21 Uhr auf die Toilette gehen und mir die halbe Tablette reinpfeifen.« Und dann kam es natürlich auch vor, dass es keinen Sex gab, und ich den ganzen Abend mit verschränkten Beinen auf dem Sofa rumsaß.

Irgendwann habe ich mir endlich ein Herz gefasst und beschlossen: Heute musst du über deine Erektionsschwierigkeiten sprechen. Lustigerweise hatten wir dann erst mal Sex. Erst danach ist mir aufgefallen, dass ich vorher gar keine Pille genommen hatte. Es hatte also einfach so funktioniert. Und dann kamen wir komischerweise gar nicht durch mich, sondern durch einen Zufall auf das Thema Ausdauer beim Sex. Ich witterte meine Chance, guckte meiner Freundin tief in die Augen und sagte: »Ich habe Erektionsschwierigkeiten.« Sie lachte nur und antwortete, davon habe sie nichts gemerkt. Das ist das Problem, wenn man Komiker ist, das Gegenüber weiß nie, ob das Gesagte lustig gemeint ist oder nicht. Das hier war zwar wirklich nicht lustig gemeint gewesen, es hat aber für einen Megalacher gesorgt. »Okay«, dachte ich, »muss ich vielleicht doch eine andere Gelegenheit abwarten.«

So richtig besser wurde es aber nicht. Ich habe dann einfach die Pillen weiter genommen, erst eine halbe, dann irgendwann ein Viertel, was in etwa für vier Tage reichte. Für mich keine schöne Situation, das konnte doch kein Zustand sein, dachte ich. Ich konnte doch nicht ewig diese Scheißpillen fressen.

Und dann fuhr meine Freundin für einige Wochen in den Urlaub. Diese Zeit wollte ich unbedingt nutzen, um zu einem Sexualtherapeuten zu gehen. Das war natürlich naiv, denn Therapeuten – das wissen alle Betroffenen nur zu gut – wachsen nicht auf Bäumen. Und wenn sie auf Bäumen wachsen würden, dann würde es immer noch keine Termine geben. Ich habe trotzdem ein Dutzend Therapeuten gleichzeitig angeschrieben und viele Absagen bekommen, aber einer sagte zu, es hatte also geklappt. Ich musste zehn Tage warten, dann saß ich in der Praxis. Ich war nervös und hatte Angst davor, dass ich schon wieder meine ganze Lebensgeschichte erzählen müsste, wieder bei Adam und Eva anfangen sollte. Da ich nicht wusste, was genau mein Problem war, wusste ich eben auch nicht, wo ich anfangen sollte. Wie viele Informationen brauchte der jetzt? Musste ich erst hundert Stunden absolvieren, damit der Therapeut ansatzweise weiß, wo ich stehe und was mit mir los sein könnte?

»Sie haben Stress«, sagte der Therapeut in der ersten Stunde. Ich habe innerlich mit dem Kopf geschüttelt und dachte: »Ey Leute, was macht ihr eigentlich beruflich? Habt ihr das alle nicht studiert oder was? Das kann doch nicht sein. Ich habe doch keinen Stress. Ich bin einfach alleinerziehender Vater, habe vier Kinder und einen anstrengenden Job, das ist doch kein Stress.« Der Sexualtherapeut hat dann Atemübungen mit mir gemacht. Bei körperlichen Übungen schäme ich mich immer sehr. Das fand ich total befremdlich. Aber ich habe natürlich mitgemacht. Wir haben uns dann hingestellt, die Beine ein bisschen breit und dann sollte ich den Kopf kreisen lassen, um das Gehirn abzulenken. Wenn du den Kopf kreist, kannst du nicht nachdenken. Und dann wieder die Scham: »Oh Gott, muss ich das jetzt jedes Mal vorm Sex machen? Muss ich mich nackend ausziehen, breitbeinig und dann erst mal mit dem Kopf kreisen, damit untenrum alles funktioniert? Wie erkläre ich das meiner Partnerin? Kreise ich vielleicht, bevor sie zu mir kommt, erst mal mit dem Kopf?« Aber irgendwie fand ich die Übung auch ganz gut. Ich habe gemerkt, dass da Tausende Gedankenstränge in meinem Kopf waren, ein bisschen zu vergleichen mit einer Silvesterraketenfabrik, in der jemand raucht und den Zigarettenstummel in eine Box mit Raketen wirft, und dann explodiert die ganze Raketenfabrik. So ging es in meinem Kopf zu.

Wenn ich im Durchschnitt fünfzehn Stunden am Tag wach war, habe ich genau fünfzehn Stunden am Stück exzessiv nachgedacht. Und ich finde Nachdenken eigentlich ganz schön, ich finde auch Melancholie ganz schön, spazieren zu gehen, sich an früher zu erinnern, an Orte zu gehen, an denen man mal gelebt hat, zu gucken, was war früher, was ist seitdem passiert. Ich finde das Wort Melancholie – auch wenn es nicht viel anderes bedeutet als Depression – und auch den Zustand äußerst schön und bin auch heute, nachdem ich geheilt bin, gerne noch melancholisch. Ich höre gerne Lieder, die mich in die Vergangenheit versetzen, und dann suhle ich mich nicht in Elend, ich suhle mich in schönen Erinnerungen oder auch in schlechten Erinnerungen, die ich dann abtun kann. Dann kann ich mir sagen: »Das ist vorbei. Die Zeit jetzt ist anders. Die Zeit jetzt ist besser.«

Aber ein Depressiver, einer mit den unkontrollierten Raketen in der Gehirnfabrik, kann einfach nicht aufhören zu denken. Und das Schlimme an Depressionen ist, dass du denkst und denkst und denkst, aber nie zu einer Lösung kommst. Hunderttausend ungelöste Probleme schwirren dir durch den Kopf, die du andauernd durchgehst, und irgendwann schläfst du ein. Aber dann kommt der nächste Tag und dann geht alles wieder von vorne los.

Das hat der Sexualtherapeut gut hinbekommen, dass ich nach ein paar Minuten Kopfschütteln oder -kreisen das Gefühl hatte, da oben ist mal kurz Ruhe. Hat also doch was gebracht. Dann sprachen wir über Sexualität, Erektion, Impotenz und dann sagte er etwas, was mir sehr einleuchtete: »Es gibt zwei Zentren, das Gehirn und das Geschlecht. Und momentan ist es bei Ihnen so, dass das Geschlechtszentrum mit Ihrem Gehirn kommuniziert und sagt: ›Pass mal auf, solange du da oben noch Probleme hast und den ganzen Tag am Rumdenken bist, lass mich mal bitte in Ruhe. Krieg mal deinen Scheiß da oben im Kopf gut hin und dann kannst du dich gerne wieder bei uns hier unten melden. Bis dato ist hier absolute Funkstille angesagt.‹« Das andauernde Denken und Grübeln hatte also dazu geführt, dass ich sexuell komplett blockiert war. Irgendwann war alles wieder gut. Ob es dafür eine Ursache gab, weiß ich gar nicht.

DER PAPST TRÄGT GUCCI

Im Januar 2020 wollte ich mir mit einem Kumpel einen jahrelangen Traum erfüllen. Wir sind also für fünf Tage nach Rom geflogen. Jahrelang hatten wir uns diesen Kurztrip vorgenommen. Eigentlich hatte ich mal geplant, jeden Monat irgendwo hinzufliegen, immer an meinen freien Wochenenden, wenn die Kinder bei ihren Müttern sind. Doch die Depression hatte mir einen Strich durch die Rechnung gemacht. Doch jetzt waren wir also da. Ich habe sehr schnell gemerkt, dass es mir – so dachte ich damals – keinen Spaß machte. Ich war sogar richtig enttäuscht. Einige Monate später in der Tagesklinik sollte sich dann herausstellen, dass ich meinen ersten krassen Depressionsschub in Rom hatte. Wir waren in einer der schönsten Städte der Welt, wir hatten Zeit, genug Geld, wir wohnten schön, in einer Dachgeschosswohnung mit Blick auf das Kolosseum. Das Wetter im Januar war sogar gut, die Sonne schien nonstop. Alles war bestens. Nur eben nicht in meinem Kopf. Da ich gerne laufe, waren wir jeden Tag mindestens sieben bis acht Stunden zu Fuß unterwegs, kreuz und quer durch Rom. Mein Kumpel, der großer Rom-Fan ist und bestimmt schon zwanzigmal dort war, kannte sich bestens aus und zeigte mir die Highlights, die kleinen Gassen, die vielen Attraktionen, die die Touristen gar nicht mitbekommen. Wir haben eine vierstündige Führung durch die Katakomben des Vatikans bekommen, so was mache ich unglaublich gerne, auf so was habe ich eigentlich wahnsinnig Bock, aber da war ich einfach nur total emotionslos. Ich habe mich so geschämt. Mein Kumpel hätte den ganzen Tag heulen können, weil alles so schön war für ihn, der hat jede Säule umarmt und in Rom kann man sehr viele Säulen umarmen. Und ich habe ihm vorgegaukelt, dass ich das alles schön finde und dass mich das rührt. Ich habe ihn angelogen: »Das ist so schön hier.« Aber für mich war es nicht schön.

Da ich nicht wusste, dass das ein depressiver Schub war, dachte ich, ich sei undankbar. Ich habe mich da komplett reingesteigert, ich fand das alles total hässlich, ich fand das alles total langweilig. Überall alte Häuser, Säulen, der Vatikan, dieser ganze Protz und die ganze Kohle, die da irgendwann mal irgendjemand auf den Tisch geknallt hat und zusammen mit einem größenwahnsinnigen Architekten das ganze Gedöns da aufgezogen hat. Das hätte mich zumindest faszinieren sollen, aber es fühlte sich einfach nur nach Pflichtprogramm an. »Ach du Scheiße, vier Stunden hier in den Katakomben des Vatikans rumrennen«, waren meine konkreten Gedanken dazu. Eine Sache hat mich dann aber doch total geflasht: Aufgebahrt in gläsernen Särgen, überall, in jeder Ecke, lag ein toter Papst. Immer mit schönen roten Schühchen an den Füßen. Ich wollte die auch gerne haben, diese roten Schuhe. Ich glaube ja, dass Gucci diese Schuhe für den Papst macht. Ich habe die schwarzen, ich habe die braunen, ich hab die blauen, aber die roten habe ich noch nicht. Und ich würde später auch gerne in der Gedächtniskirche aufgebahrt werden. Irgendwo wird sich doch wohl ein Eckchen finden. Dann liege ich da im gläsernen Sarg, und man kann Selfies mit mir machen und dann möchte ich unbedingt auch diese roten Schühchen von Gucci tragen. Der Rest ist egal.

Nachts im Bett habe ich dann geweint, weil ich nicht wusste, was mit mir los war, weil ich mich geschämt habe, weil ich dachte: »Oh Gott, wenn du jetzt offen darüber sprechen würdest, wie du das hier findest, dann würdest du deinem Kumpel ja den ganzen Urlaub kaputtmachen.« Ich war noch nicht wieder in Rom, aber das steht ganz oben auf meiner To-do-Liste. Ich möchte noch mal nach Rom fliegen, ich möchte mich entschuldigen, ich möchte meinen Frieden machen mit Rom.

MEIN TOD

Seitdem ich in der Klinik war, mache ich mir regelmäßig Gedanken über meinen eigenen Tod. Ich stelle mir dann immer vor, ich bin 96 Jahre alt, liege in meinem Schlafzimmer, in meinem Totenbett, um mich herum meine gesamte Familie, die Kinder, die Enkelkinder, bestimmt schon die Urenkel, und ich liege halt da und alle wissen: Vater stirbt jetzt. Natürlich nur an Altersschwäche, ich bin nicht krank, ich merke nur einfach, wie das Leben langsam meinen Körper verlässt. Und ich liege da im Bett mit einem verschmitzten Lächeln im Gesicht. Alle wirken so ein bisschen bedröppelt. Ich streue ab und zu noch einen Gag ein und dann tritt so ein kleines Kind ans Bett, ich nehme mal an, es ist eines meiner Urenkelkinder. Es tritt ans Bett, guckt mir tief in die Augen, geht zurück zu seiner Mutter und fragt: »Wenn Uropa tot ist, können wir dann Playstation spielen?« Die Mutter des Kindes ist entsetzt darüber, wie pietätlos ihr Kind ist. Bevor geschimpft werden kann, greife ich ein, nehme die Hand des Kindes, schaue ihm ebenfalls tief in die Augen und sage: »Uropa beeilt sich.« Wenn das so laufen könnte, dann wäre Sterben eine schöne Sache für mich.

Und dann denke ich: Ich bin jetzt 47, bis 96 hab ich noch sehr, sehr viel Zeit. Trotzdem, die Zeit ist begrenzt für uns alle. Und das gibt mir irgendwie total viel Lebensfreude. Da ist so ein positiver Druck, nicht alles aufzuschieben. Das Schlimmste wäre doch, wenn ich im Alter auf mein Leben zurückblicken und denken würde: Hättest du da mal diese Entscheidung getroffen, wärst du mal mit dieser Frau zusammengekommen und hättest dich von der besser getrennt oder hättest du beruflich doch etwas mehr gewagt, hättest du dich vielleicht rechtzeitig von den falschen Leuten gelöst, dann ... Ich glaube, bis jetzt ist die Bilanz echt okay. Also eigentlich könnte ich jetzt tot in die Kiste fallen und meine Nachkommen würden auf ein Leben zurückblicken, über das man sagen würde: Er hat viel erlebt, er war ein absoluter Querkopf, er hat sich nichts gefallen lassen, er hat, wenn es sein musste, auf den Tisch gehauen, er hat auch, wenn es überhaupt nicht sein musste, trotzdem auf den Tisch gehauen. Ich habe die Partys gefeiert. Auch wenn ich sie nicht zurückhaben will, waren da schon Dutzende von Abenden dabei, die ich rückblickend nicht missen möchte. Meine Partys sind also gefeiert. Ich habe unglaublich viel vorgetrunken, das brauche ich alles nicht mehr, aber es war trotzdem eine schöne Zeit.

MICHA IST TOT

Micha ist tot. Ich war auf dem Weg zur Klinik. Um 09:00 Uhr wollte ich da sein. Um 09:30 Uhr ging das Programm los. Ich war gerade dabei, am U-Bahnhof auszusteigen, da rief mich Gabi an, die Frau von Michael Gwisdek, meinem besten Freund, und sagte: »Micha ist tot.« Ich hatte eine Panikattacke, habe geweint wie ein Schlosshund, habe geschrien beim Weinen. Ich glaube, ich hatte einen Nervenzusammenbruch. Ich stand völlig verstört vor der Klinik um kurz vor 09:00 Uhr, bin hoch ins Sekretariat und habe gesagt: »Ich kann heute nicht, bei mir ist einer gestorben.«

Michael Gwisdek war für mich wie ein Vater. Er war der Vater, den ich nie hatte. Und dann war er auch noch ein großartiger Schauspieler, ein großer Künstler. Er war jemand, dem man sich nicht erklären musste. Micha war Vater und Vorbild zugleich. Er war für mich immer so etwas wie ein Blick in die Zukunft. Das haben auch andere gesehen: »Das bist eigentlich du, Alex. Das bist du, wenn du alt bist. So wirst du auch.« Das hat mich immer gefreut. Für mich war das eine Ehre.

Micha hat mich mal bei einer Vorstellung im Admiralspalast in Berlin besucht. Er hat so was überhaupt nicht gerne gemacht, sich Auftritte anzugucken, das fand er scheiße langweilig, aber bei mir hat er eine Ausnahme gemacht. Und ich war megastolz darauf. Ich habe mich auf alle Zuschauer gefreut, aber auf Micha habe ich mich am allermeisten gefreut. Ich war so happy, die Vorstellung war seit Monaten ausverkauft. Und Micha ist auch dabei. Heute zeigst du mal, was du kannst. Und dann war ich total verschüchtert. Nach der Vorstellung dachte ich: »Oh Gott, jetzt kommt Micha hoch, jetzt kommt er gleich in die Garderobe. Was wird er sagen? Ist er enttäuscht?« Das war meine größte Angst. Wenn Micha enttäuscht wäre, das wäre nicht gut. Und dann kam er in die Garderobe und war total begeistert. Da hatte ich sogar Tränen in den Augen, weil mir das unglaublich viel bedeutet hat. Micha war keiner, der geschleimt hat. Micha war keiner, der gesagt hätte, ist ja wunderbar, obwohl es komplette Scheiße war. Ich wusste also: Wenn Micha sagt, es sei gut, dann war es auch gut.

Er erzählte mir backstage davon, wie eine Frau auf dem Parkplatz auf ihn zugegangen war und gesagt hatte: »Sie sind der Vater, stimmt's?« Ich habe versucht, die Fassung zu bewahren, habe gesagt: »Mensch, das ist ja eine schöne Geschichte.« Und als ich nachts zu Hause war, bin ich komplett zusammengebrochen und habe geweint, weil das so schön war. Ich habe mir dann später sogar eingebildet, dass das wirklich so war. Kann ja sein. Micha war mein Vater, dann kam die DDR, Berlin war getrennt, er konnte mir das halt nicht sagen.

Ich habe Micha bei den Dreharbeiten zu »Huck Finn«, einen Film, für den wir in Rumänien gedreht haben, kennengelernt. Und »Huck Finn« fand ich gut, ich fand auch die Anfrage gut, aber am besten fand ich natürlich, dass ich eine oder mehrere Szenen mit Michael Gwisdek haben würde. Der große Michael Gwisdek. Der Michael Gwisdek von »Good Bye, Lenin!«, der besoffen vorm Krankenbett von Daniel Brühl stand, sich die Hose runterzog und gesagt hat: »Ich hab Perlonstrümpfe aus dem Westen dabei.« Bei dieser Szene habe ich mich in Michael Gwisdek verliebt. Und dann, Jahre später, etwa 2008, da drehte ich selbst mit ihm. Ich habe mich so gefreut. Ich habe mich so dermaßen gefreut. Und er, er hatte wohl Angst vor mir, weil ich so ein Arschloch sei. Er hat immer gesagt: »Du bist unberechenbar, du bist ein unberechenbares Arschloch.« Ich hatte Respekt vor ihm, eine große Liebe zu ihm und es hat auch sofort gefunkt. Eines Abends stand er vor meinem Fenster und hat gebrüllt: »Ey, kommste runter, Pommes essen?« Ich werde das nie vergessen, wie Michael immer alle zum Lachen gebracht hat. Der ist morgens ans Set gekommen und hat rumgealbert und das siebzigköpfige Team zum Lachen gebracht. Irgendwann bin ich auf den Zug mit aufgesprungen und dachte, wenn der hier alle verarscht, dann kann ich ihm ja auch helfen, da bin ich ja gut drin. Und dann haben wir zusammen alle verarscht. Er hatte es sich zur Aufgabe gemacht, drei Wochen lang jeden Tag ans Set in Rumänien am Delta zu kommen und jeden Tag zu sagen: »Mein Gott, ist das ein schönes Land, dieses Bulgarien.«

Wir hatten schon eine Woche gedreht, als August Diehl dazustieß. Wir saßen oft zu dritt auf unseren Klappstühlen und haben gewartet, bis wir dran sind. Und die ersten Tage, Micha und ich waren schon total eingespielt, haben wir uns dann morgens begrüßt mit:

»Oh, diese Luft hier in Bulgarien ist wirklich einmalig. Dit is 'ne einmalige Geschichte.« August Diehl hat uns ständig korrigiert: »Wir sind hier nicht in Bulgarien, das ist Rumänien.« Oder so. Und wir haben uns immer angeguckt, haben uns ins Fäustchen gelacht und dann weitergemacht. Das haben wir jeden Tag abgezogen. Und nach drei Wochen, da hatten wir ihn. August Diehl kam ans Set und hat gesagt: »Also, heute leider der letzte Drehtag in Bulgarien.«

Am Abreisetag sind wir vom Delta dann mit dem Auto stundenlang nach Bukarest zum Flughafen gefahren. Und Micha wusste schon, wie alles ablaufen sollte, dass wir in Tegel landen würden, seine Frau Gabi würde ihn mit dem Auto abholen und auch fahren, weil er zu müde sein würde. Er würde in das Auto einsteigen und nicht sprechen, weil er durch wäre, weil ihn die Dreharbeiten geschlaucht hätten. Gabi wüsste das, die würde ihn gar nichts fragen. Dann würde er zu Hause ankommen, sich auf die Couch legen, Gabi würde ihm einen Kaffee machen. Da war alles eingespielt. Ich erwischte mich dabei zu denken, dass ich nicht traurig wäre, wenn die Dreharbeiten um drei Wochen verlängert werden müssten. Als ich Micha so zuhörte, dachte ich nur: »Mensch, so eine Gabi hätte ich auch gern.«

Drei Wochen, bevor er gestorben ist, war ich mit meiner neuen Freundin bei ihm. Und Micha hat wie immer die schönsten Geschichten erzählt. Bis 03:00 Uhr morgens saßen wir bei ihm im Garten und ich habe auf dem Boden gelegen vor Lachen, wie immer mit Micha. Auch bei dieser Beziehung merkte ich, dass irgendetwas nicht stimmte. Heute weiß ich, dass meine Depression damals ihren Peak erreicht hatte. Das war sehr traurig, dass ich auf dem Höhepunkt meiner Depression eine Frau kennengelernt hatte, da stehen die Chancen nicht besonders gut. Als wir uns nach knapp einem Jahr trennten, wurde mir klar: »Scheiße, die Frau hat mich ja eigentlich in diesem ganzen Jahr niemals gesund erlebt.« Und das war irgendwie gruselig. Natürlich hatte diese Frau eine Scheißzeit mit mir. Es hat lange gedauert, bis ich realisiert habe, dass nicht ich das Problem war, sondern die Krankheit. Mein Zustand war sicher äußerst belastend für sie. Und trotzdem war die Trennung komisch, das war ein bisschen so, als würde man mit Gewichten an den Füßen ins Wasser fallen und untergehen. Dabei hält man eine Frau im Arm und weiß ganz genau: Wenn ich die jetzt nicht loslasse, dann geht sie mit unter. Deswegen mussten wir uns trennen.

Gabi und ich haben nach seinem Tod viel über ihn gesprochen und auch meine Ex-Freundin kam einmal zur Sprache. Gabi sagte dann: »Ich wollte das eigentlich nicht sagen, aber Micha hat kurz vor seinem Tod gesagt: ›Die passt nicht zu Alex. Die passt ja gar nicht zu Alex.‹« Und er hatte recht, das hat überhaupt nicht gepasst.

CHEZ KRÖMER

Das war also eine komplett beschissene Zeit. Die Beziehung war beendet, mein bester Freund, meine Vaterfigur, mein Seismograf war tot. Und ich hatte mit der Klinik besprochen, dass ich vier Wochen dorthin gehe, dann Staffel drei von »Chez Krömer« drehe, und danach noch mal vier Wochen in die Klinik gehe. Und ich weiß bis heute nicht, ob das eine gute Idee war. Man hätte »Chez Krömer« natürlich absagen können, das hätte jeder verstanden, aber ich dachte, wenn mich die Depression schon so dermaßen beherrscht, dass sie mir vorgibt, die Dreharbeiten abzubrechen, dann geht bald gar nichts mehr. Dann falle ich in ein zu tiefes Loch. Also dachte ich eben in alter Alexander-Bojcan-Manier: »Das wird jetzt durchgezogen. Da wird der Arsch zusammengekniffen und dann wird gemacht.«

Ich habe diese Staffel von »Chez Krömer« dann im Nachhinein als äußerst schwach empfunden. Ich dachte ständig: »Das weiß ja keiner, dass ich jetzt vier Wochen vor dieser Aufzeichnung noch in der Klinik war und dass ich danach wieder in die Klinik gehe.« Das war ein krasses Gefühl, eigentlich wollte man ja immer sagen: »Ey Leute, wenn ihr wüsstet, was ich gerade durchmache, dann würde man das vielleicht ein bisschen besser verstehen.« Ich erinnere mich gut an die Folge mit Boris Palmer, da war ich völlig durch, da dachte ich: »Was ist das denn eigentlich für ein Scheißkonzept hier?« Ich hatte überhaupt keinen Bock mit diesem Typen zu reden. Ich hatte überhaupt keinen Bock, da irgendwelche dummen Sprüche zu hören, und wollte auch nicht die Verantwortung übernehmen, ihn in seine Schranken zu weisen. Politiker ticken ja alle gleich, denen kannst du sagen, was du willst, die hören dir sowieso nicht zu. Kein Politiker würde zu Chez Krömer gehen und sagen: »Ich habe totalen Blödsinn gebaut. Danke, dass Sie mir die Augen geöffnet haben.« Das ist einem ja schon vorher klar. Ich habe diese Aufzeichnung als absolut unterirdisch empfunden, also haben mein Produzent Friedrich Küppersbusch und ich uns die Folge im Nachgang noch mal genau angesehen. Eine Sache, die ich über alle Maßen verabscheue. Ich kann mich überhaupt nicht sehen. Ich würde mir nie freiwillig eine Sendung von mir ansehen. Aber bei diesem Format ist es wichtig, dass man aus Fehlern lernt, dass man guckt, wo war die Fragestellung falsch oder wo hast du Punkte verschenkt, wo lag der Ball im Elfmeterbereich und man hätte einfach nur schießen müssen und wo hätte man einfach easy peasy ein Tor geschossen, weil der Torwart gar nicht im Tor stand. Mich hat das alles gequält. Wenn du so was analysierst, dann brauchst du drei Stunden für dreißig Minuten Sendung. Wir wussten zu dem Zeitpunkt schon, dass im Frühjahr Frauke Petry kommen würde, und ich dachte, bis dahin muss die Depression weg sein. Ich muss wieder fit werden. Als ich dann Monate später gesehen habe, dass für

Boris Palmer das Parteiausschlussverfahren bei den Grünen anstand, da habe ich mir dann schon noch mal ganz kurz ins Fäustchen gelacht. Genugtuung.

Nach der Aufzeichnung von Staffel 3 war mir völlig klar, dass ich darüber sprechen muss, dass ich Depressionen hatte, dass ich mich zu diesem Zeitpunkt in einer Übergangsphase befand, in der ich lernen musste, wie man ohne Depressionen eigentlich lebt. Mich hat dieses Geheimnis belastet. Wenn ich darüber nachdenke, welches Thema ich als Nächstes angehe, dann suche ich immer danach, was mich am meisten beschäftigt, was mich emotional am meisten herausfordert. Das bringe ich dann auf die Bühne. Mir ist das wichtig, dass ich authentische Geschichten erzähle, die ich mit wirklich echten Emotionen vortrage. Ich will mir nicht vorstellen müssen, wie ich reagieren würde, wenn ich traurig wäre, ich will auf echte Emotionen zurückgreifen. Die Depression musste also auf die Bühne, sie hatte mich immerhin viele Jahre meines Lebens gekostet.

Ich musste lernen, auch künstlerisch mit dieser Depression umzugehen, die Krankheit und das Sprechen über sie in Kunst zu verwandeln. Mir war sehr wichtig, dass die Leute auch mit mir über dieses Thema und all seine Absurditäten lachen können. Für mich war es jetzt nicht der Plan, als das Leiden Christi durchs Land zu ziehen und depressive Geschichten zu erzählen. Aber um mich freizukämpfen, um sagen zu können: »Das ist jetzt vorbei. Hurra, ich hab's geschafft!«, war eine künstlerische Verarbeitung der Krankheitsgeschichte sehr wichtig für mich. Auch jetzt, während ich dieses Buch schreibe, löst sich etwas, wird es ein bisschen leichter. Das hier ist quasi eine therapeutische Maßnahme. Das wird ja Depressiven immer empfohlen, alles aufzuschreiben. Ich bin privilegiert, da draußen sind ein paar Leute, die das ganz interessant finden, was ich mache. Meine Notizen werden in Buchform erscheinen, aber eigentlich ist es eine gute Maßnahme für jeden. Am besten noch mit Stift und Papier, gar nicht mit dem Computer, damit man wirklich merkt, wie die Gedanken vom Gehirn über den Arm und die Hand auf das Blatt Papier kommen. Das hat etwas unheimlich Befreiendes, wenn man das, was einen bewegt, was einen beschäftigt, was einem Angst macht, aufschreibt. Die Sache fühlt sich dann gleich irgendwie verarbeitet an. Am besten legt man das Geschriebene noch irgendwo in einen Schrank und wenn der Schrank eine Klappe hat, dann macht man die Klappe zu und dann hat man wirklich diesen Effekt von »Ich habe ein Problem aufgeschrieben und somit auch verarbeitet, die Sache ist jetzt abgeschlossen«.

DIE KINDER

Mein Name ist Alexander Bojcan und wenn dieses Buch erscheint, bin ich 47 Jahre alt. Ich bin alleinerziehender Vater und so wie es aussieht, war ich mehr als dreißig Jahre lang depressiv.

Ich habe lange darüber nachgedacht, ob ich überhaupt öffentlich über meine Kinder sprechen möchte, aber für diese Geschichte ist es, so glaube ich, sehr wichtig zu erzählen, wie alles anfing. Ich werde nicht wirklich über meine Kinder sprechen, nicht über ihre Geschichten, auch ihre Namen und ihr Alter werde ich nicht nennen. Was man nur wissen muss: Wir sind fast alle (wieder) in der Pubertät. Ich hasse nichts mehr als Eltern, die ihre Neugeborenen, ihre Kleinkinder, ihre jugendlichen Kinder vor die Kamera zerren und die Bilder auf Facebook oder Instagram veröffentlichen. Ich bin der festen Überzeugung, dass mich meine Kinder in zehn oder zwanzig Jahren dafür verurteilen würden: »Papa, da hast du gar nicht gefragt. Da ist ein total peinliches Bild von mir im Internet.« Wir wissen alle, wenn Bilder erst mal im Internet sind, dann bleiben sie auch da. Und so sieht es auch mit den Geschichten meiner Kinder aus. Alle haben ihre kleinen und großen Geheimnisse, über die ich hier nicht sprechen möchte.

Alles begann – und das ist dann schon wichtig für meine Geschichte – vor einigen Jahren, als ich am Stadtrand Berlins mit meiner damaligen Freundin ein Haus gekauft habe. Meine Freundin war zu dem Zeitpunkt schwanger. Alles war perfekt: Hauskauf, die Schwangerschaft verlief einwandfrei, Kind war gesund. Meine Mutter zog im Erdgeschoss des Hauses ein, es sollte ein Dankeschön sein, denn ihre Rente fiel nicht gerade hoch aus, und meine Mutter hat sich ihr Leben lang krumm gemacht und da dachte ich: »Mensch, wäre doch schön, wenn sie sich jetzt in ihre Hollywoodschaukel setzen und ihren Lebensabend in diesem wunderschönen Garten, in diesem wunderschönen Haus verbringen kann.« Ganz so harmonisch sollte es mit meiner Mutter leider nicht werden und auch von meiner damaligen Freundin würde ich mich bald trennen.

Ich möchte übrigens auch nicht über die Frauen in meinem Leben sprechen, ich war mit fantastischen Frauen zusammen, alle sehr emanzipierte Frauen; Frauen, die wussten, was sie wollten. Und auch Frauen, die mich oftmals gestützt haben, auch in Zeiten, in denen sie vielleicht selber nicht mehr konnten, wo es einfach zu anstrengend wurde. Deswegen bin ich jeder Frau, mit der ich zusammen war, sehr, sehr dankbar und werde hier auch ihre Geschichten nicht erzählen.

Irgendwann sind meine drei Kinder zu mir gezogen, ich hatte ein großes Haus, einen großen Garten und es schien allen besser so. Natürlich war das alles nicht ganz leicht, aber wir haben uns nach einer Weile geeinigt. Es hat sich angefühlt, als würde ich noch mal Vater meiner eigenen Kinder werden. Vorher habe ich meine Kinder alle zwei Wochenenden gesehen, freitags abgeholt und dann am Sonntagabend zurückgebracht. Diese Zeit war schrecklich. Ich brauchte jedes Mal fast eine Woche, um zu trauern, weil mir meine Kinder gefehlt haben. Sonntags war der schrecklichste Tag. Entweder bin ich anfangs noch direkt in die Kneipe gegangen und hab mich besoffen oder ich bin stundenlang durch Berlin spaziert, um runterzukommen, was mir aber nie gelungen ist. Im Nachhinein denke ich, dass sich damals eigentlich schon die Depression in mir breitgemacht hat.

Jedenfalls bin ich über Nacht noch mal Vater meiner eigenen Kinder geworden und plötzlich standen alle in meinem Haus. Ich war sehr froh, aber ich war natürlich auch überfordert. Was machen wir jetzt? Wir brauchen eine neue Kita, wir brauchen eine Schule. Was ist mit den Impfpässen? Sind die Kinder geimpft? Sind die Kinder gesund? Und jeder, der schon mal eine Trennung mit Kindern durchgemacht hat, weiß, dass das Kindern nicht leichtfällt, dass die Mutter fehlt. Da kannst du als Vater machen, was du willst, wenn die Kinder die Mutter sehen wollen, dann wollen die Kinder die Mutter sehen. Ich war also dann Vollzeitvater. Alles ging völlig chaotisch zu und die Kinder haben natürlich getrauert. Als Kind kannst du ja gar nicht so richtig verstehen, was eigentlich mit dir los ist, das muss dann an anderer Stelle rausgelassen werden, das heißt: Die Kinder haben viel geschrien, haben Sachen kaputt gemacht, Scheiben eingeschlagen, sind mit dem Edding durchs Haus gegangen, haben Wände angemalt, sind manchmal um vier Uhr morgens aufgestanden und haben laut Musik angemacht. Dieser Zustand zog sich über Monate. Meine Freundin, mit der ich damals noch in dem Haus lebte, bekam dann mein viertes Kind. Ich habe das nicht alles unter einen Hut bekommen, mich um das Neugeborene zu kümmern und dazu noch um die drei anderen Kinder. Ich hatte mir einen Fluchtplan gemacht, ich wollte den Keller, der sehr groß ist, selber renovieren. Mal weg von den Kindern, mal kurz etwas anderes machen, um sich dann später mit einem Klappstuhl vor eine neu verputzte Wand zu setzen und zu denken: »Ey, das habe ich geschafft. Das bleibt jetzt so.« In unserem Keller gibt es vier Räume. Der erste Raum hätte ohne Kinder in drei oder vier Tagen fertig sein können, da aber die Kinder ständig auf sich aufmerksam gemacht haben, musste ich alle paar Minuten aus diesem Keller raus, in den Garten und schauen, ob alles gut ist. Es hat sieben Wochen gedauert, bis der erste Raum fertig war. Ich habe völlig kapituliert und wollte auf keinen Fall die anderen drei Räume auch noch angehen.

Als meine Freundin Katia Saalfrank zu Besuch kam, fragte ich die Expertin: »Du, sag mal, Katia, gehe ich recht in der Annahme, dass ich jetzt nie wieder Freizeit haben werde?« Und sie sagte: »Ja.« Und diese Erkenntnis verstärkte die Depression noch mal immens, glaube ich. Eigentlich war ich immer nur einer Frage hinterhergejagt: »Wann kehrt hier Ruhe ein? Wann kehrt bei den Kindern Ruhe ein?« Ich wollte ein Ziel haben, wollte wissen, wie lange ich noch die Arschbacken zusammenkneifen musste, bis endlich Ruhe ist, bis der Erlöser kommt und alles einfach laufen würde.

Ein ganzes Jahr später war ich mit Katia Saalfrank, ihrem Mann und meiner damaligen Freundin beim

Italiener und habe mich ganz vorsichtig wieder an das Thema herangewagt: »Du, sag mal, wie lange dauert das jetzt, bis die Kinder sich von der Trennung erholt haben? Wann kommen die hier an?« Und Katia sagte: »Das weiß man nicht. Es kann noch ein Jahr dauern, es kann fünf Jahre dauern, es kann aber auch zwanzig Jahre dauern.« Und da bekam ich eine Panikattacke. Ich konnte nicht mehr viel sprechen, ich bin einfach nur aufgestanden, habe meinen Stuhl zurück an den Tisch geschoben und habe gesagt: »Mir geht es nicht gut, ich bin jetzt weg.«

Ich bin dann nach Hause geschlichen. Im gesamten Haus war es dunkel, ich habe kein Licht angemacht, bin direkt in mein Bett, habe mir die Bettdecke über den Kopf gezogen und dann war es gut. Ich wollte einfach nur weg sein, ich konnte das nicht mehr hören. Und die Depression verstärkte sich noch mal mehr.

Irgendwann wurde die Spannung zwischen meiner Freundin und mir zu groß. Die Aufgabe war eine zu große. Ich habe mich mehr und mehr der Situation entzogen. Ich hätte mich eigentlich um die Familie kümmern müssen, aber ich habe mir lieber im Keller eine Werkstatt eingerichtet. Wie der letzte Nerd trieb ich mich auf Internetseiten rum, um Maschinen zu studieren, Kapp- und Zugsägen, Tauchsägen, Schwingschleifer, Lackfräsen, Dübelfräsen. Für jede dieser Maschinen musste ich auch ein Buch kaufen. Ich habe das quasi studiert. In all den Jahren, in denen sich mein Kellerraum zu einer Megawerkstatt entwickelt hat, habe ich niemals eine dieser Maschinen in der Hand gehabt. Ich habe niemals irgendwas mit diesen Maschinen gemacht. Es war einfach nur eine Flucht. Ich wollte aus dieser Beziehung raus. Ich wollte keine Verantwortung mehr haben. Viel später in der Klinik habe ich dann erkannt, dass das ein Muster von mir ist: Wenn es mir zu viel wird, verstumme ich. Wenn ich ganz wichtige Sachen sagen müsste, verstumme ich. Ich denke dann ganz viel und ich denke in diesen Momenten auch das Richtige, ich kann es nur nicht aussprechen, ich bin dann komplett blockiert. Da ist eine Schwelle, über die ich nicht rüberkomme. Und anstatt zu meiner Freundin zu gehen und zu sagen: »Ich liebe dich über alle Maßen, du bist die Liebe meines Lebens, ich möchte mit dir alt werden. Es ist gerade total anstrengend, total schwierig, aber wir schaffen das«, habe ich mich halt verkrochen in meiner Werkstatt. Es war keine Angst oder Feigheit, sondern schlicht und ergreifend Ohnmacht. Es fühlte sich oft an, als hätte ich meinen Körper verlassen, als stünde da nur noch die Hülle von Alexander in dem Haus rum und ich sei meilenweit entfernt. Wir stritten uns immer mehr, es war aussichtslos. Ich habe aufgegeben. Ich konnte nicht mehr streiten, ich konnte auch nicht mehr argumentieren. Und dann war die Beziehung beendet. Erst mal war ich einfach froh, dass nicht mehr diskutiert wird, dass ich abends alleine im Bett liegen konnte, dass ich, nachdem die Kinder im Bett waren, machen konnte, was ich wollte. Da war sogar ein kleines Glücksgefühl, das sich abends einstellte. Doch nach einer Woche kippte meine Stimmung, weil ich dann realisierte, dass die Liebe, die Zweisamkeit, dass das nie wieder zurückkommen würde. Vier Wochen lang lag ich eigentlich den ganzen Tag regungslos im Bett, war komplett depressiv, es gab keine

Hoffnung, ich konnte gar nichts mehr. Irgendwann bin ich dann völlig fertig zu meiner Mutter runtergegangen und habe sie gebeten, sich um alles zu kümmern. Um alles. Ich konnte nichts mehr. Ich konnte nur noch im Bett liegen, die schwarze Wolke überm Kopf. Ich weiß noch, dass ich damals dachte, das sei eine ganz krasse Form der Trauer. Ich sei einfach todtraurig. Und das stimmte ja auch, ich war todtraurig, dass diese Beziehung beendet war und dass ich sie auch noch selbst beendet hatte, dass ich quasi die Reißleine gezogen hatte. »Vielleicht ist es doch besser, wenn ich das alles ganz alleine mache«, dachte ich damals.

KARTOFFELN MIT SPINAT

Nach einer Woche abgedunkeltem, seelischem Verlies habe ich mich befreit. Es musste ja weitergehen. Mein Leitspruch war: »Dann wollen wir mal sehen.« Es war weiterhin alles abgrundtief traurig: morgens aufzustehen, sich um die Kinder zu kümmern, Brote zu schmieren, gute Stimmung zu verbreiten, aufbauende Worte zu finden und sich dann wieder hinzulegen, nachdem man die Kinder zur Schule geschickt hat. Das war in der Partnerschaft eigentlich der schönste Moment, wenn der Partner stolz auf einen ist, dass man früh aufgestanden ist, dass man sich um alles gekümmert hat, dass alles glatt gelaufen ist und dass man sich jetzt noch mal schön ins Bett legen kann. Für den Partner schön und für einen selbst auch schön. Dass man gelobt wird, dass man sich mit einem Lächeln ins Bett legt und, wenn alles gut läuft, sogar vielleicht noch mal ein Stündchen schläft. Alleine sieht das schon anders aus. Es kommt ja leider keiner, klopft an die Schlafzimmertür und sagt: »Danke, Herr Bojcan, das machen Sie wirklich gut.« Genau das lernst du als alleinerziehender Vater sehr schnell, dass du nicht mehr gelobt wirst. Den Kindern kann man es nicht vorwerfen, ein Kleinkind wird nicht zum Vater sagen: »Chapeau, heiliger Vater! Was du hier leistest, das geht ja wohl auf keine Kuhhaut.« Als Vater von vier Kindern musst du dich ja wirklich um tausend Dinge kümmern. Ich habe dazu noch versucht, alles perfekt zu machen. Ich wollte der perfekte Vater sein. Und das ist, glaube ich, der größte Fehler. Das setzt dich total unter Druck. Ich war dann nur noch gestresst, hatte das Gefühl, der ganze Tag bestünde aus Tausenden von Terminen. Wann ich mal wieder arbeiten gehen sollte, war mir auch nicht so richtig klar, die Kinder waren ja lediglich von 8 Uhr bis 14 Uhr in der Schule. Das hatte sich irgendwie zu einer Problemschraube entwickelt: Ich schickte die Kinder zur Schule, es ist 8 Uhr, ich könnte mich noch mal kurz ins Bett legen, einen Kaffee trinken und dann einkaufen gehen oder ins Büro fahren, doch ständig zu grübeln, immer wieder meine Probleme zu wälzen, hat mich davon abgehalten, aufzustehen. Es passierte dann immer öfter, dass ich mich um 8 Uhr mit meinem Schlafanzug ins Bett gelegt habe, und dann klingelte es um 14 Uhr an der Tür, die Kinder waren wieder zurück und ich war immer noch im Schlafanzug, ich war nicht geduscht, ich hatte nichts geschafft. Ich hatte kein Büro gemacht, ich hatte niemanden angerufen, ich war nicht einkaufen gewesen. Irgendwann wurde diese Uhrzeit, 14 Uhr, richtig bedrohlich für mich. Das hat mir Angst gemacht, dass da um 14 Uhr meine Kinder vor der Tür stehen, und das ist eine Sache, für die ich mich abgrundtief geschämt habe, diese Ablehnung gegen meine eigenen Kinder. Die Kinder, die ich in die Welt gesetzt hatte, wurden auf einmal zur Bedrohung. Wenn meine Mutter auf die Kinder aufgepasst hat, habe ich auch gerne das Haus verlassen und ich hatte ein gutes Gefühl, war befreit. Gleichzeitig hat mich das todtraurig gemacht, »gegen« meine Kinder zu sein. Ich war mittendrin in der Depression.

Es gab einen kleinen Wendepunkt, als an einem Abend zeitgleich für zwei meiner Kinder Elternabend war. Ich konnte mich ja nicht zweiteilen, also musste ich entscheiden, bei welchem Kind es nötiger war, sich Informationen einzuholen, wo das Kind steht, was man machen kann, wo man zu Hause eingreifen kann. Da habe ich gemerkt: Ich kann nicht perfekt sein. Ich kann auch nicht immer ein Drei-Sterne-Menü kochen für die Kinder, aber ich kann wunderbar Kartoffeln kochen, ich kann Fischstäbchen braten und ich kann auch noch ein Spiegelei dazu machen. Ich hatte mich jahrelang runtergemacht, hatte mir immer gesagt: »Ich kann nicht kochen, ich mag meine Kinder nicht, ich will aus diesem Haus raus, das wird mir alles zu viel.« Ich habe mir selbst nicht gereicht. Wenn Leute zu uns nach Hause kamen, haben die immer gesagt: »Mensch, du machst das so toll.« Und manche haben sogar gefragt: »Wie machst du das eigentlich?« Darauf habe ich selbst im gesunden Zustand keine Antwort. Vielleicht leben ja hier kleine Wichtelmännchen mit im Haus, die mir helfen, oder irgendwelche Zauberer. Rückwirkend macht mich das jedenfalls unheimlich traurig, dass ich das über Jahre nicht gerafft habe, dass ich krank war und dass ich eigentlich hätte sagen können, ich lasse mich behandeln und dann ist das weg. Aber ich wusste das nicht. Ich habe es nicht aufgeschoben, ich habe es nicht verdrängt, ich wusste es einfach nicht. Ich habe mir über Jahre eingeredet, dass ich wirklich ein sehr, sehr böser Mensch bin. Zum Schluss habe ich selber daran geglaubt. Zu realisieren, dass ich nicht perfekt sein kann, das hat mir geholfen. Selbst wenn man es mal nicht schafft, Kartoffeln, Spinat und Eier zeitgleich zuzubereiten, dann hat man halt nur Kartoffeln und Spinat und dann gibt es eben nur Kartoffeln mit Spinat.

ICH KANN DAS ALLES NICHT

Draußen habe ich eigentlich immer funktioniert. Auf der Arbeit, wenn wir Besprechungen hatten, war ich fit, wenn mich Menschen auf der Straße angesprochen haben, habe ich den Kasper gemacht und sie zum Lachen gebracht, wenn Fans Bilder machen wollten, stand ich parat. Außerhalb des Hauses, außerhalb der Familie hat das irgendwie funktioniert. Aber wenn ich nach Hause kam, bin ich regelmäßig in mich zusammengefallen wie sehr böse Menschen, die nach außen hin den schönen Schein bewahren und zu anderen zuckersüß sind und dann nach Hause kommen und da alle zusammenscheißen oder ekelig sind; Menschen, die ihren ganzen Frust an der Ehefrau auslassen oder an den Kindern. So habe ich mich gefühlt. Ich weiß heute, dass das die Depression war. Aber ich habe über Jahre gedacht, ich bin ein alter, verbitterter Mann, der im Leben nicht klarkommt, der verletzt worden ist und der einfach das letzte Arschloch ist.

Die Depression verändert eben auch dein Wesen. Du wirst fremdbestimmt, irgendetwas macht dich zu einem komplett anderen Menschen, der nicht mehr lacht, der keine Emotionen mehr hat, dem alles zu viel ist. Jede zusätzliche Arbeit, jedes Glas, das aus Versehen umkippt, ist eine Vollkatastrophe. Alles, was vom Plan abweicht, ist eine Vollkatastrophe. Der Plan ist: Alles muss easy sein, alles muss ganz, ganz einfach sein, am besten muss auch alles jeden Tag gleich sein, sodass du ja nicht in irgendeine Überforderung kommst oder zusätzlich nachdenken musst.

Ich habe mir ständig eingebildet, ich könne das alles nicht. Ich genüge nicht. Ich sei es nicht wert. Ich habe nichts drauf. Ich hatte Minderwertigkeitskomplexe. Andere Väter, andere Familien, da ist alles viel besser, das Essen schmeckt besser und die können auch viel besser mit Kindern umgehen.

Damals habe ich in meiner Familie eingeführt, dass jedes Kind eine von mir gebackene Torte seiner Wahl zum Geburtstag bekommt. Das hat mich Tage gekostet: Milchreistorte, Papageientorte, aber ich habe es hinbekommen. Eine riesige Torte für so ein kleines Kind. Eigentlich musste ich jedes Mal die Hälfte wegschmeißen, weil die Torte viel zu groß war. Und dann Marmorkuchen für das eine Kind. American Cheesecake für das andere Kind. Ich wollte einfach für die Kinder etwas machen, ich wollte denen zeigen: »Ich bin für euch da. Ich mach euch die Torte.« Eigentlich kenne ich keinen Vater, der vier Kinder hat und der für jedes einzelne Kind eine andere Torte macht. Das habe ich erst viel später verstanden, dass das eine tolle Sache war, dass ich mir auch mal auf die Schulter hätte klopfen und mich selbst hätte loben können. Aber das habe ich nicht gemacht. Ich habe mir sogar noch eingeredet und vorgeworfen, dass die Torte scheiße geworden ist.

PAPA IST DIE BESTE

Es tut sehr gut, darüber zu schreiben. Dieses Outing tut mir gut. Da bin ich jetzt wieder bei dem Outing, bei einem Homosexuellen, der sagt, jetzt habe ich einfach keinen Bock mehr, mich zu verstecken. Ich habe viel gelogen. Wenn mich einer gefragt hat: »Wie geht's?«, habe ich immer gesagt: »Ja, gut.« Oder wenn ich zu spät gekommen bin, weil ein Kind krank war und ich keine Betreuung hatte, dann haben alle gesagt: »Typisch Künstler. War wohl wieder spät gestern.« Ich habe weder gesagt, dass ich trockener Alkoholiker bin, dass es also allein deswegen schon mal nicht spät wird, noch habe ich gesagt: »Ey, ich habe ein Kind, das Fieber hat, und ich hatte spontan keine Betreuung, aber ich habe es zum Schluss hingekriegt und ich bin 'ne richtig geile Sau.« Habe ich nicht gemacht. Ich habe dann blöd gelacht und gesagt: »Jaja, genauso ist es. War spät gestern.« Das hat mich dann total geärgert, ich war sauer auf mich selbst.

Als mein Kumpel Jakob Hein und ich noch unseren Podcast »Zwei Männer, drei Welten« machten, kam Margarete Stokowski zu Besuch, eine Feministin, tolle Frau. Ich dachte heimlich: »Wenn du wüsstest, was ich schon seit Jahren zu Hause ableiste und dass ich absolut für

Emanzipation bin und in meinem ganzen Leben noch nie mit einer Frau zusammen war, die nicht emanzipiert war, die nicht auf den Tisch gehauen und gesagt hat: ›Ich mach das jetzt so und so, ich zieh hier voll mein Ding durch.‹« Ich saß also einer Feministin gegenüber und erwähnte mit keiner Silbe, dass ich alleinerziehender Vater war, dass es mir manchmal so scheiße ging, dass ich stundenlang im Bett lag und weinte, dass manchmal die Milchreistorte auseinanderfloss, weil ich etwas falsch gemacht hatte.

Es gibt noch viele idiotische Männer da draußen, die nicht verstanden haben, dass eine Frau alle Rechte hat, die auch ein Mann hat, dass eine Frau alles machen kann, was auch ein Mann kann. Und ich meine wirklich, alles. Es gibt nichts, was eine Frau nicht auch kann. Ich hatte bei mir zu Hause einen Spruch eingeführt: »Papa ist die Beste.« Ich musste Vater und Mutter in einer Person sein, was natürlich nicht immer zu schaffen war, weil die Kinder dann natürlich doch die weibliche Seite brauchen. Ich erziehe meine Kinder nicht als Mann, ich erziehe meine Kinder als Frau und als Mann und versuche, auch die weiblichen Aspekte mit reinzubringen. Wie geht man mit Frauen um? Ich versuche meine Kinder so zu erziehen, dass sie später nicht solche Beziehungen führen wie meine Mutter und mein Vater.

WARUM DAS ALLES?

Warum schreibe ich eigentlich dieses Buch? Was soll das? Mir war ja klar, dass das auf Interesse stoßen würde, wenn ein Prominenter die Hosen runterlässt, ach was, wenn er komplett blankzieht. Ich will wirklich nicht als das Leiden Christi durchs Land ziehen und meine Krankheitsgeschichte erzählen, sondern ich möchte mit diesem Buch Menschen helfen. Menschen, die sich in meiner Geschichte vielleicht wiederfinden. Ich bin kein Therapeut, ich habe keine therapeutischen Fähigkeiten, das hier ist auch kein Ratgeber, das ist einfach meine Geschichte.

Mir ist natürlich bewusst, dass ich mit diesem Buch auch eine gewisse Sensationslust füttere. Es wird natürlich Menschen geben, die meine Geschichte zwar traurig, aber sicher auch wahnsinnig unterhaltsam finden, die sich beim Lesen noch ein Bier aufmachen und die Chips holen und denken: »Ist ja herrlich, wie elendig das Leben vom Krömer war.« Das nehme ich in Kauf.

Nach der Ausstrahlung der Folge von »Chez Krömer« mit Torsten Sträter habe ich dem Tagesspiegel ein Exklusivinterview gegeben. Ich dachte, ich gebe jetzt ein Interview, ich mache das mit einer Zeitung, die ich gut finde, von der ich genau weiß, das wird jetzt nicht nur reißerisch, sondern das wird fundiert. Ich werde einem Journalisten gegenübersitzen, der sich vorbereitet hat, der gute Fragen stellt und der mich nicht nur als die depressive Sau durchs Dorf treibt. Vielleicht gehe ich mit der ganzen Sache auch jetzt nur an die Öffentlichkeit, weil ich lange genug im Geschäft bin und das sehr gut handeln kann. Also ich merke ja auch schon anhand der Anfragen, die reinkommen, ob das jemand ist, der Elend will. Wenn ich Interviews gebe, dann Zeitungen oder Radiostationen, bei denen ich weiß, dass sie gut vorbereitet sind. Vor allem müssen Nummern von Hilfetelefonen und Ähnliches genannt werden. An wen kann man sich wenden? Wo fängt man an? Ich habe, wie gesagt, Hunderte von Anfragen bekommen, ich habe mich sehr gefreut darüber, dass das Interesse an meiner Person so groß ist, aber das heißt ja noch lange nicht, dass ich auch mit jedem reden muss. Bei den Medien setzt dann ja auch noch so eine Art Kettenreaktion ein: Ich rede über Depressionen und dann bekomme ich eine Anfrage zum Thema »Krankheitsbild Narzissmus, können Sie da nicht auch mal was machen, das Thema wird ja völlig stiefmütterlich behandelt«. Und dann kommt jemand und sagt: »Mein Mann hat Leukämie, was machen wir denn jetzt?« Und dann kommt einer und sagt: »Aids, die Leute reden gar nicht mehr über Aids, die tun alle so, als ob es das HI-Virus gar nicht mehr gäbe.« Und zwischendurch fragt dann noch einer – echt wahr, echt so passiert –: »Herr Krömer, was sagen Sie denn nun zum Nahostkonflikt?« Leute, davon habe ich keine Ahnung und da bin ich dann wirklich äußerst streng mit mir: »Pass mal auf, Krömerchen, wenn du davon keine Ahnung hast, dann hältst du einfach mal die Fresse.« Ich kann natürlich nun nicht der Ratgeber für alle sein.

Mir ist vollkommen klar, dass es ewig dauern kann, bis man einen Therapeuten gefunden hat. Die Chose läuft ja so ab, dass ich mich jetzt um einen Therapeuten kümmere, weil es akut ist, weil ich richtig Probleme habe, und mit Glück bekomme ich in einem halben Jahr einen Therapieplatz bzw. ein Erstgespräch. Und Erstgespräch bedeutet ja, dass ich mein Gegenüber noch gar nicht kenne. Das muss ja auch zwischen mir und dem Therapeuten oder der Therapeutin funken. Die Horrorvorstellung ist ja: Ich warte ein halbes Jahr, sitze dem Therapeuten gegenüber und dann funkt das nicht und ich denke, ich muss woanders hin. Dann wird es ja schon problematisch, weil dann die ganze Scheiße wieder von vorne anfängt. Weil ich das alles höre und weiß, hatte ich daran zu knabbern, dass ich nicht allen helfen kann. Ich habe dann meine Freundin Katia Saalfrank angerufen, die auf mich früher immer so hart gewirkt hatte, weil sie sagte: »So, jetzt ist Feierabend, ich habe jetzt Wochenende, ich bin jetzt auch nicht mehr erreichbar, ich mache mein Handy aus. Montag bin ich wieder in der Praxis.« Schon hart, dachte ich, aber ich habe es verstanden. Ich habe das auch bei meiner eigenen Therapeutin verstanden, man muss sich da abgrenzen. Weil die Möglichkeit, dass meine Therapeutin 24 Stunden erreichbar wäre, die würde natürlich dann auch genutzt. Und wenn es einem Patienten richtig scheiße geht, klar, dann ruft der natürlich auch morgens um vier an und sagt: »Passen Sie mal auf, mir geht es nicht so gut.« Ja, da muss man Grenzen setzen. Das ist dann bestimmt hart, aber so mache ich das halt auch. Ich könnte das auch nicht. Also ein Therapeut könnte nachts um vier noch helfen, aber ich kann ja nicht helfen. Deswegen schreibe ich dieses Buch, auf das ich die Leute verweisen kann, zusätzlich zur Telefonseelsorge und der Deutschen Depressionshilfe, bei der man übrigens auch einen Test machen kann, ob man depressiv ist und wie schwer.

Und ich wollte einfach meine Geschichte aufschreiben und in Zukunft nur noch auf dieses Buch verweisen. Ich finde das allemal besser, als bis zu meinem Lebensende Interviews darüber zu geben und immer wieder den gleichen Scheiß zu erzählen. Für mich ist ganz wichtig, dass ich weiterhin Künstler und Komiker bin, ich habe auch weiterhin Bock, auf Bühnen zu stehen und vor Kameras, ich will auch weiterhin Theater spielen.

Ja, in erster Linie bin ich Künstler, ein Künstler, der an Depressionen leidet. Ich möchte nicht der Depressive sein, der nebenbei Kunst betreibt. Also, so sieht das aus: Für alle, die Fragen haben zur Leidensgeschichte von Kurt Krömer, ist dieses Buch. Der Rest ist Kunst.

TEIL
2

DIE KLINIK

Dieses Kapitel habe ich am längsten vor mir hergeschoben, weil ich nicht über die Klinik sprechen wollte. Aus Angst. Ich hatte panische Angst. Eine diffuse Angst. Bauchschmerzen, Magenschmerzen, Schlafschwierigkeiten, Nervosität. Die Angst war natürlich völlig unbegründet. Aber wenn du keine Menschen hast, mit denen du dich austauschen kannst, drehst du die Problemschraube in deinem Kopf immer tiefer und tiefer. Die Angst wird immer größer. Man kann sich in ein Flugzeug setzen und von Berlin nach München fliegen, dann fliegst du etwa eine Stunde, du steigst ein, in München steigst du wieder aus, alles ist in Ordnung. Aber stell dir jetzt mal vor, du hast Flugangst, du steigst in ein Flugzeug und andere Leute sagen zu dir: »Hier kann gar nichts passieren, es passieren mehr Autounfälle als Flugzeuge abstürzen«, und trotzdem hat man diese Fantasien. Ich hatte kurze Zeit leider auch Flugangst und habe mir immer vorgestellt, wie wir über den Atlantik fliegen, die Maschine im Innenraum Feuer fängt, wir dann aber ins Meer stürzen und bei brennender Maschine im Innenraum ertrinken. Und wenn man Flugangst hat und man hört irgendwelche komischen Geräusche, man hört es irgendwie klappern, oder man sieht irgendwelche Rauchwolken aus den Triebwerken aufsteigen, dann ist die Angst ja einfach da. Da könnte man, glaube ich, sogar Psychologen neben sich sitzen haben, die einem sagen, es kann gar nichts passieren, es wird schon alles gut. Man hat dann trotzdem diese Angst. Und meine Angst bezogen auf die Klinik bestand darin, dass irgendeine Tür aufgemacht wird, von der ich gar nicht weiß, dass die überhaupt existierte, und dass hinter der Tür das Grauen steckt oder die große Erkenntnis über mich selbst. Dass man sich selbst kennenlernt und vielleicht gesagt bekommt: »Herr Bojcan, Sie sind einfach ein ganz widerliches Arschloch. Sie haben eigentlich gar keine Berechtigung zu existieren. Sie nerven uns zu Tode.« Das war die Angst. Also dass du Sachen über dich erfährst, die du vielleicht verdrängt hast, die du vielleicht sogar insgeheim weißt über dich, aber die halt nur in so einer Klinik – einer Psychoklinik, wo es um die Psyche geht, wo es ja auch darum geht, Knoten zum Platzen zu bringen – hochkommen können. Das ist diese komische Angst, die vielleicht noch aus den Fünfzigerjahren herrührt, als Psychiatrie ja wirklich vergleichbar war mit Gefängnis – mit Elektroschocks, mit Festbinden am Bett, mit lauten Schreien. Das war die Angst, und auch dieses Weggesperrtsein. Du wirst natürlich in so einer Klinik nicht weggesperrt. Ich hatte ja jede Sekunde die Möglichkeit zu sagen, ich rede jetzt über gewisse Dinge nicht oder ich mach jetzt mal kurz Stopp, mir wird das zu viel, ich geh jetzt mal in die Küche und trinke einen Kaffee. Ich hätte auch sagen können, ich geh mal kurz um den Block, ich geh spazieren. Ich hätte auch sagen können, ich geh jetzt sofort nach

Hause und bin dann morgen früh wieder da, oder übermorgen, oder nächste Woche. Also es steht dir ja komplett frei, über Dinge zu sprechen. Du wirst natürlich schon ein bisschen in die Richtung geschubst, mit dem Gewinn wirst du gelockt, wenn du jetzt da und da drüber reden solltest, dann wird sich da was lösen. Und das war auch oftmals der Fall. Und das alles kann sehr, sehr wehtun. Ich hatte jedoch mit einem hundertfach stärkeren Schmerz gerechnet oder mit hundertmal stärkeren negativen Erkenntnissen über mich selbst. Viele Erkenntnisse haben natürlich wehgetan. Ich habe gelernt, dass ich mich dreißig Jahre lang im Kreis gedreht habe. Dass ich immer wieder in meine Muster verfalle. Und die Klinik hat mir dabei geholfen diesen Kreis zu verlassen, die Muster zu erkennen. Aber nach meinem letzten Auftritt hatte ich panische Angst. Ich wusste: Morgen früh gehe ich da in diese Klinik und da tut's dann so richtig weh, vier Wochen lang.

Aber von vorne: Es war Juli 2020. Ich war zu dieser Zeit ganz oft bei einer Familientherapeutin, weil ich gemerkt habe, bei mir zu Hause gibt es Schwierigkeiten mit der Kommunikation mit meinen Kindern, jedes Kind für sich einzeln hatte Probleme, ich hatte Probleme mit allen Kindern, die Kinder hatten Probleme mit mir und so weiter und so fort. Und um der gesamten Familie zu helfen, habe ich diese Familientherapeutin engagiert, mit der ich ganz viele Vorgespräche in der Praxis hatte, um den Kindern nicht das Gefühl zu geben, hier läuft gerade etwas schief und wir brauchen jetzt Hilfe von außen. Ich wollte den Kindern auch nicht das falsche

Gefühl vermitteln, sie wären schuld. In der Familie sollte eine Herzlichkeit da sein, es sollte ein gutes Miteinander sein, manchmal geht es hoch, manchmal geht es runter, manchmal fetzt man sich. Wenn die Grundlagen für die Familie aber Liebe und Zuwendung sind, dann ist eigentlich alles in Ordnung. Jedenfalls hockte ich ganz oft bei dieser Familientherapeutin, habe erklärt, was das Problem in der Familie ist, aber eigentlich habe ich nur über mich geredet. Ich habe mich wirklich gefragt, ob ich narzisstisch veranlagt oder ein Egomane bin. Mich hat das gequält, dass ich mich so in den Vordergrund gespielt habe, obwohl es doch um die Kinder ging. Jeder Satz fing mit »Ich« an: »Ich bin da überfordert«, »Ich weiß da nicht Bescheid«, »Ich weiß nicht, was ich tun soll«, »Ich habe schon alles versucht«. Irgendwann sah mir die Therapeutin tief in die Augen – ich war natürlich immer nervös, hab auf dem Stuhl hin und her geruckelt – und fragte mich: »Sag mal, Alexander, bist du depressiv?« Das war ein ähnlicher Schockmoment wie vor zehn Jahren, als mich meine Therapeutin gefragt hatte: »Sagen Sie mal, haben Sie ein Alkoholproblem?« Damals hatte ich gedacht: »Hä? Ich bin doch kein Alkoholiker!« Im Jahr 2020 bei der Kindertherapeutin dachte ich: »Hä? Ich bin doch nicht depressiv!« Genauso wie zuvor beim Urologen dachte ich erst mal, dass die Familientherapeutin vielleicht doch nicht so gut sei wie gedacht. Ich habe damals einfach alles infrage gestellt.

Ich wollte nichts mehr, als da einen Haken hinter die Familienprobleme zu machen und zu sagen: »Das haben wir jetzt. Hier gab es ein Problem, ich habe mich darum gekümmert und jetzt ist es vom Tisch.« Aber es geht immer nur noch viel tiefer, und man musste ganz schön graben und graben und graben, um an die Ursache zu kommen. Bei den Kindern war die Ursache gar nicht zu finden, also musste ich die Ursache bei mir finden. Jedenfalls fragte mich die Therapeutin, ob ich manisch-depressiv sei, und ich wusste zu diesem Zeitpunkt gar nicht, was eine manische Depression ist. Ich habe sie dann gefragt und sie sagte mir etwas von einem manisch-depressiven Klienten, der damals am Flughafen Tegel ausgestiegen ist, gutbürgerlich, hat durchschnittlich verdient in seinem Job und war der Meinung, er müsse diesen Flughafen kaufen. Er hatte sich das fest vorgenommen. Er hat bei der Verwaltung in Berlin-Tegel im Flughafengebäude angerufen und hat den Leuten ein Angebot gemacht. Der wollte diesen Flughafen kaufen. Manische Depression heißt, dass du absolute Hochphasen hast, total euphorisch bist und denkst, dass du übersinnliche Kräfte hättest, du denkst, du könntest alles. Du bist der Stärkste, der Klügste. Darauf folgen dann die Phasen schwerer Depression. Aber ich war nicht manisch-depressiv. Ich habe zwar als Künstler auch Hochphasen, wenn ich auf der Bühne vor Tausenden Leuten stehe, dann habe ich da eine krasse Adrenalinausschüttung, die bei mir aber Gott sei Dank – toi, toi, toi – in 25 Jahren nicht dazu geführt hat, dass ich mir eingebildet habe, ich könne übers Wasser gehen oder sei etwas Besonderes oder müsse einen Flughafen kaufen. Wenn ich einen Auftritt habe, dann genieße ich das und finde das total geil, wenn die Leute alle lachen. Ich lasse mich natürlich auch tragen, die Glückshormone und das Adrenalin sprudeln wie ein emotionaler Zimmer-Springbrunnen. Wenn die Show vorbei ist, glühe ich noch so eine halbe bis Dreiviertelstunde nach, gehe duschen, weil ich mir den Schmutz irgendwie vom Körper waschen möchte, den ganzen Dreck, der aus meinem Mund gekommen ist. Eine Stunde nach dem Auftritt bin ich wieder ganz normal und dann freue ich mich auch aufs Hotel, dass ich dann alleine bin, dass ich noch ein bisschen fernsehen oder Serien gucken kann oder Kekse essen, ein Buch lesen oder nachts mit einem E-Roller durch die jeweilige Stadt fahren. Da ist kein Größenwahn. Trotzdem kenne ich das von schöpferischen Phasen, wenn ich nicht schlafen kann, da ist die Hochphase quasi der Kreativität geschuldet, die dann da in meinem Gehirn Silvester feiert.

Gut, also manisch-depressiv war ich nicht, aber Depression war schon mal der Wink in die richtige Richtung. Depressive Momente hatte ich schon, dachte ich. Im Juli 2020 war dann klar, es ist eine Depression. Das war keine schöne Diagnose, aber irgendwie war ich auch ein bisschen erleichtert, weil das Kind nun endlich einen Namen hatte. Nach einer jahrelangen Odyssee, dem Rumscheißern von Arzt zu Arzt, irgendwelche Diagnosen, die ich bekommen hatte, mit denen ich überhaupt nichts anzufangen wusste, konnte ich mit dieser Depression schon etwas anfangen, das war etwas Handfestes. Wenn man sich die Symptome anschaut von einer Depression – Schlafstörungen, Konzentrationsschwierigkeiten, Gereiztheit – das passte. Dazu diese Gedankenschrauben – wie ich sie nenne –, die man dreht. Fünfzehn Stunden am Tag denkt man auf irgendwelchen Problemen rum, kommt aber zu keiner Lösung. Und am nächsten Tag wacht man auf und die ganze Scheiße geht wieder von vorne los.

Jetzt stellte sich die Frage: Wer konnte mir helfen? Wo ging man jetzt hin? Einmal die Woche fünfzig Minuten Therapie waren eindeutig zu wenig. Man hätte das aufstocken können, zwei Stunden pro Woche, aber eigentlich hatte ich den Wunsch, dass mich einer an die Hand nimmt und mich einweist, dass mich einer ins Auto packt und sagt: »Pass auf, Alexander, ich bring dich jetzt in die Klinik. Das wird jetzt hier eine Zwangseinweisung. Oder in die Psychiatrie.« Mir war das am Ende völlig scheißegal, wo ich hingebracht würde und wer sich darum kümmerte, ich wollte einfach nur weg. Ich wollte aus diesem Leben, das ich gelebt habe, einfach nur weg. Ich wollte nicht sterben, das nie. Aber ich wollte aus der Situation, in der ich war, unbedingt raus. An manchem Tag dachte ich, wenn ich jetzt zwanzig Minuten laufe, bin ich beim nächsten Krankenhaus und dann gehe ich da einfach in die Notaufnahme und sage: »Pass mal auf, ich kann Ihnen das hier jetzt nicht näher erklären, aber bitte, ich kann nicht mehr, ich breche gleich zusammen.«

Die Diagnose erhalten zu haben war der erste wichtige Schritt, und nun ging es darum, ob ich in eine Klinik gehen sollte. Ich musste also entweder zu meinem Hausarzt, um eine Überweisung zu bekommen, oder mit einem Psychiater sprechen, der mir die Diagnose bestätigen könnte und sicher einen groben Ablaufplan geben könnte, wie lange so ein Klinikaufenthalt dauern würde. Jedenfalls ging es da um eine Einschätzung. Zweiteres schlug mir die Familientherapeutin vor. Und ich dachte: »Meine Fresse, jetzt muss ich da auch noch hin.« Man muss natürlich einen Termin machen, kann ja nicht irgendwo bei einem Therapeuten anrufen und sagen, man komme am nächsten Morgen mal vorbei. Ich war völlig überfordert und ging erst mal zu meinem Hals-Nasen-Ohren-Arzt. Das hört sich jetzt sicher ein bisschen absurd an, aber ich bin da öfter hingegangen, wenn es mir seelisch nicht so gut ging. Dieser Arzt hat mich eigentlich immer ganz gut verstanden, der arbeitet ganzheitlich. Sein Standardspruch lautet: »Ich bin jetzt zwar nur für Hals, Nase und Ohren zuständig, aber das sind ja nicht die einzigen Körperteile, die wichtig sind.« Er kannte sich mit Stress aus, sogar mit Burn-out.

»Du, ich habe Depressionen und dazu drehe ich da dieses ›Last One Laughing‹ in München, was können wir denn machen? In zwei Wochen geht es los«, waren meine Worte. Und dann hat er einen befreundeten Psychiater angerufen und gesagt: »Okay, wenn es hier um Depressionen geht, dann brauchst du ein Antidepressivum.« Und ein paar Beruhigungspillen habe ich mir auch zusätzlich noch geben lassen. Das Problem war, dass man dieses Antidepressivum auch als Schlafmittel verwenden konnte, es aber extrem träge machte. Das war kontraproduktiv, weil ich ja sowieso schon seit Jahren träge war. Ich hatte zwar wirklich Schlafschwierigkeiten, aber ich war auch oft unheimlich träge, ich habe nur im Bett gelegen und hatte keinen Bock auf Aktivitäten oder Bewegung.

Als wir dann in München »LOL« drehten, habe ich gemerkt, dass ich große Probleme habe, um sieben Uhr morgens parat zu stehen für die Abholung, sodass wir ins Studio fahren konnten. Ich musste die Tabletten weglassen und mich zur Not auf die Beruhigungstabletten verlassen. Davon hatte ich mir bis zum Drehstart aber schon täglich eine reingepfiffen, sodass ich für die Sendung jetzt eigentlich nur noch zwei Tabletten übrig hatte. Eine habe ich am Tag vor der Aufzeichnung genommen und die letzte habe ich mir dann genehmigt, als ich zur Aufzeichnung fuhr. Ich dachte, ich hätte eigentlich sehr gute Chancen, dieses »Last One Laughing« zu gewinnen, denn, sagen wir, wie es ist: Da ist ein Mann, schwer depressiv, steht unter Beruhigungstabletten, da lacht man doch nicht. Aber wer die erste Staffel von »Last One Laughing« gesehen hat, der weiß, wie böse das für mich endete. Also die Depression, die blöde Sau, hat mir bei dem Part jetzt überhaupt nicht geholfen.

Bei »Last One Laughing« konnte man, so glaube ich, gut sehen, dass die Arbeit mir eigentlich leicht von der Hand ging. Sobald ich in den Bavaria Filmstudios war, war alles okay. Das war meine Tanzfläche. Ich hatte perfekte Tanzschuhe an, für den perfekten Tanz, den ich da hingelegt habe. Das gilt aber eigentlich nur für die Zeit, in der ich wirklich vor der Kamera stehe. Die Zeit davor war immer scheiße und die Zeit danach war auch richtig beschissen. Wie Harald Juhnke, der zwar dement war, aber bis zum Schluss noch perfekt die Texte aufsagen konnte. Fast alle Erinnerungen waren weg, aber die Texte saßen bis zum Schluss, bis der Ofen aus war. Daran musste ich denken. Als wir »LOL« abgedreht hatten, wurde ich sofort nach Berlin zurückgefahren und war dann natürlich wieder schwer depressiv. Jobs standen keine mehr an und die schwarze, schwere Hexe, die nach Kacke stinkt, setzte sich wieder auf meinen Bauch und machte mich bewegungsunfähig. Als es mir dann einigermaßen wieder gut ging, habe ich mich weiter gekümmert, habe erst mal zu meiner alten Therapeutin Kontakt aufgenommen. Ich musste zwei Wochen warten, dann hatte sie Zeit für mich.

Ich saß ihr gegenüber wie ein Häufchen Elend. Ihr war sofort klar, dass gehandelt werden musste. Sie rief dann in der Klinik an, in der sie lange Zeit gearbeitet hatte, und versuchte, beim Chefarzt einen Termin für mich zu bekommen. Und der Termin – wie sollte es anders sein – war in zwei Wochen. Ich war total aufgelöst, hatte zwei Wochen durchgehend Angst, zwei Wochen lang Bauchschmerzen, weil ich nicht wusste, was mich da erwartete. Acht Wochen in der Klinik sein zu müssen war für mich der absolute Horror. Und die erste Einschätzung meiner Therapeutin lautete genau so: »Acht Wochen Klinik.«

Vielleicht hatte ich so eine Fünfzigerjahre-Vorstellung von psychiatrischer Klinik im Kopf. Vielleicht hatte ich Angst, dass ich da nicht mehr rauskommen würde. Außerdem dachte ich ja, wir Künstler brauchen eine Vollmeise, um überhaupt so arbeiten zu können, wie wir arbeiten. Und wenn diese Vollmeise wegtherapiert wird, dachte ich, dann kann ich meine Arbeit nicht mehr ausführen. Also ein Kurt Krömer, der völlig normal ist, ist ja nicht mehr zu gebrauchen. Das wäre das Ende meiner Karriere gewesen. Jeder hätte sich von mir abgewandt, weil alle gesagt hätten: »Der Typ ist am Ende, Kurt Krömer ist jetzt normal.« Und davor hatte ich wirklich Angst. Ich hatte auch Angst davor, acht Wochen komplett weg zu sein. Rausgezogen zu werden. Wenn du zu Hause bist, dann kannst du dich ablenken, dann hast du da deinen

Fernseher, du hast deine Kinder oder du hast, wenn du Hobbys hast, einen Raum, in dem du mit der elektrischen Eisenbahn spielen kannst, oder du gehst in den Garten oder vor die Tür, in den Biergarten, zum Kiosk, triffst Freunde. Du hast soziale Kontakte, du hast Menschen um dich herum, die dich ablenken können von negativen Gedanken. Davor hatte ich Angst, dass mal acht Wochen lang Ruhe ist. Dass man sich nicht ablenken konnte. In jedem meiner Zeugnisse von der ersten bis zur zehnten Klasse stand immer: »Alexander ist leicht ablenkbar.« Und das ging nach der Schulzeit auch weiter, bis heute. Wenn ich also gerade dieses Buch schreibe und mich ruft ein Kumpel an und fragt: »Hey, kann ich dich mal sprechen oder wollen wir spazieren gehen?«, dann bin ich der Erste, der das Haus verlässt und sagt: »Na, auf jeden Fall, sofort. Wo bist du? Ich komm dahin.« Beim Schreiben dieses Buches gab es viele sehr gute Schreibphasen, aber dann gab es eben auch eine größere Hofpause. Ich bin mir sicher, dass einige um mich herum dachten, dass ich es nicht schaffen würde, dieses Buch zu schreiben, dass ich das ewig aufschieben würde. Und auch das war wohl die Angst. Die Angst vor der Klinik und die daraus resultierende Angst, über die Klinik zu sprechen oder das in dieses Buch zu klatschen.

Ich fieberte dann also dem Termin in der Klinik für seelische Gesundheit in Berlin entgegen. Und dann war es so weit. Ich habe die ganze Nacht durchgemacht vor meinem Termin, ich war fix und alle. Ich hatte das Gefühl, ich käme ins Gefängnis. Acht Wochen, das wirkte für mich wie acht Jahre. Die große Angst kam daher, dass mir natürlich klar war, dass ich mich mit meiner

Vergangenheit auseinandersetzen müsste. Ich hatte viele Dinge verdrängt. Ich habe mir das immer so vorgestellt wie einen langen Flur, der zweihundert Meter lang ist, links und rechts gehen fünfzig Türen ab. Diese Türen sind verschlossen mit Sicherheitsschlössern, die sind verbarrikadiert, zugeschraubt, die bekommst du nicht auf. Und hinter jeder seelischen Tür lauerte irgendwie eine Katastrophe, ein Trauma, eine schlechte Erfahrung, negative Muster. Alles Gerümpel, das dringend aufgeräumt werden müsste. Ich wusste: Wir müssen jetzt da ran. Wir müssen jetzt einmal das gesamte Leben durchforsten. Also zurückgehen und gucken, was hat dich an diesen Punkt gebracht. Warum bist du so schwer depressiv? Und davor hatte ich Angst. Ich glaube, davor hat jeder Angst. Und ich wusste natürlich, dass das mega wehtun wird, wenn wir langsam diese ganzen Türen aufmachen und dahintergucken, auf die Sachen, die ich über Jahre, vielleicht sogar Jahrzehnte verdrängt habe. Das ist ja die Scheiße an Verdrängung. Du kannst ein Problem zwar verdrängen, aber es wird wieder hochkommen, wie ein Luftballon, den du versuchst unter Wasser zu drücken. Du weißt einfach, nur ganz kurz mal nicht aufgepasst und schon ploppt der dir aus der Hand und der Luftballon schießt an die Oberfläche und du kannst das Spiel wieder von vorne beginnen. Und diese Probleme, die dann aufploppen, die sorgen für die Depression oder für schlechte Stimmung und sie sind sicherlich auch der Grund für die zig Panikattacken, die ich in meinem Leben schon hatte.

Jedenfalls war es dann so weit. Ich war um Punkt 15:30 Uhr in der Klinik, im Zimmer des Chefarztes, und ich weiß noch, dass ich sehr fahrig war, extrem aufgeregt, dass mir das Herz bis zum Hals hochpumpte. Ich hatte Angst, ich hatte glasige Augen und ich war total angespannt. Er hat mir dann Fragen gestellt. Ich habe ihn bis heute nicht gefragt, aber ich nehme an, das ist so ein Standard-Fragebogen für Menschen mit Depressionen.

»Schlafen Sie durch?«

»Nein. Ich schlafe maximal so drei bis vier Stunden.«

»Sind Sie gereizt?«

»Sind Sie übermüdet?«

»Stehen Sie morgens schon auf und denken: ›Ich bin müde‹?«

Das war bei mir wirklich so, jahrelang bin ich morgens aufgestanden und dachte: »Boah, jetzt wird es aber Zeit, dass es dunkel wird und du dich wieder hinlegen kannst.«

Jedenfalls merkte ich dann, dass dieser Chefarzt, der Psychiater, genau die richtigen Fragen stellte. Eigentlich antwortete ich auf jede Frage mit: »Ja, genau, so ist es.« Das war natürlich kein Small Talk, sondern ein Fragebogen, der eine Richtung angibt, ob man eine leichte, eine mittlere oder eine schwere Depression hat. Schon bei diesem Frage-Antwort-Spiel löste sich bei mir die Spannung und ich fing an zu weinen. Aus einer kleinen Träne wurde ein Wimmern, dann musste ich richtig weinen und irgendwann habe ich so stark geweint, dass ich geschrien habe. Ich hatte das Gefühl, ich würde vom Stuhl fallen, würde ohnmächtig oder müsste vielleicht sterben. Insgeheim dachte ich gleichzeitig: »Das ist jetzt gerade ein richtig geiles Gefühl, denn jetzt in diesem Moment realisierst du, dass du den Ort gefunden hast, wo du total gut hinpasst und wo dir geholfen werden kann.« Die jahrelange Odyssee war just in diesem Moment beendet. Ich war angekommen.

Nach etwa zwanzig Minuten sagte der Chefarzt: »Wir können Ihnen helfen, Herr Bojcan.« Und ich fing wieder an zu weinen. Wir machten gleich einen Termin aus, der mir eigentlich gar nicht passte, weil ich da Auftritte hatte. Ich hatte meinem Veranstalter damals vier Auftritte in der Parkbühne Wuhlheide in Berlin zugesichert. »Auch wenn das jetzt ein bisschen kontraproduktiv ist, ich will meinem Veranstalter nicht absagen«, sagte ich zum Chefarzt. Das hatte auch mit Stolz zu tun, ich wollte nicht zulassen, dass die Depression dafür sorgt, dass ich Auftritte absage. Ich hätte mich mordsmäßig geärgert und gleichzeitig mordsmäßig geschämt, wenn ich diese Auftritte abgesagt hätte. Also mussten die Auftritte absolviert werden. Mein Veranstalter hatte mir längst angeboten, die Termine abzusagen: »Wenn du nicht mehr kannst, dann kannst du nicht mehr. Wir können diese Auftritte absagen, wir können die verlegen.« Aber ich bin ja nicht nur stolz, sondern ich bin auch stur und habe geantwortet: »Nein, ich lasse mir von dieser verfickten Depression nicht vorschreiben, was ich hier zu tun habe. Ich werde diese vier Auftritte absolvieren und dann gehe ich in die Klinik.« Also Donnerstag, Freitag, Samstag, Sonntag Auftritte vor fünftausend Leuten in der Parkbühne Wuhlheide, Montag dann in die Klinik. Bäm! So läuft das hier, so machen wir das, hab ich mir gedacht.

Und dann hat der Chefarzt mich zur Sekretärin gebracht, mit der ich die ganzen Termine eintüten sollte, und dann hatte ich da noch mal einen Nervenzusammenbruch. Spätestens als die Sekretärin gesagt hat:

»Mensch, jetzt setzen Sie sich mal hin, es wird alles gut«, konnte ich nicht mehr an mich halten. Die Sekretärin hatte sogar eine Schüssel mit Süßigkeiten drin und ich konnte das gar nicht fassen: »Ey, Süßigkeiten gibt es hier auch noch, ich bin ja eigentlich im Himmel.« Alle, die an mir vorbeikamen, haben geguckt, als würden sie sagen: »Hey, das wird schon, Diggi! Dit läuft hier. Hier bist du in guten Händen.« Ich bin also aus dem Heulen gar nicht mehr rausgekommen.

Und dann kam Level 2. Ich musste noch mal zurück zum Chefarzt, es gab da noch was zu klären: »Ich habe ganz vergessen, ich drehe ja auch noch ›Chez Krömer‹, das müssen wir auch noch besprechen. Wie läuft denn das dann?« Und dann habe ich mich mit dem Chefarzt darauf geeinigt, dass ich vier Wochen Klinik mache, dann die Klinikzeit für zwei Wochen für die Aufzeichnungen unterbreche und dann noch mal vier Wochen in die Klinik gehe. Auch mein Produzent, Friedrich Küppersbusch, hatte natürlich gesagt, dass wir die Staffel »Chez Krömer« einfach absagen könnten. Aber – ihr wisst schon, was jetzt kommt – ich habe gesagt: »Hier wird nichts abgesagt.«

Klingt jetzt ein bisschen perfide, aber es war wirklich hilfreich, dass gerade Pandemie angesagt war, sonst hätte ich um die 35 Termine in ganz Deutschland absagen müssen. Sich acht Wochen rausnehmen hätte in meinem Leben eigentlich nie funktioniert. Außer natürlich mit einem Riesenknall. Termintechnisch griff also alles ineinander. Und dann ging die Klinik los.

Ich stehe vor der Eingangstür und klingele. Mein Herz schlägt mir bis zum Hals. Ich habe Angst. Ich bin schüchtern, ich bin kleinlaut, ich bin nur ein Häufchen Elend. Jetzt geht es los. Wird mir jetzt geholfen? Erkennen mich die Mitpatienten? Wie werde ich aufgenommen? Muss ich mich erklären? Das war für mich ein großes Problem, dass ich ja als zwei Personen in diese Klinik ging. Einmal als Kurt Krömer, den alle kennen, und als Alexander Bojcan, den so gut wie keiner kennt, auf jeden Fall niemand in dieser Klinik. Meine große Sorge war, dass die Leute Angst vor mir haben – vor Kurt Krömer. Wird er sich jetzt lustig machen über uns? Wird er sich in den Vordergrund spielen? Wie benimmt sich ein Prominenter in einer Depressionsklinik? Will er eine Extrawurst haben? Will er besser behandelt werden als die anderen? Boxt er sich nach vorne? Nimmt er sich zu wichtig? Das war eine sehr große Angst von mir, weil ich so natürlich überhaupt nicht bin. Da war nichts mit Kurt Krömer. Kurt Krömer war nicht da. Kurt Krömer war zu Hause. Hier ging es nur um die real existierende Person Alexander Bojcan, 45 Jahre alt, schwer depressiv.

Die Tür wurde geöffnet und ich wurde willkommen geheißen. Ich bin dann erst mal in den Aufenthaltsraum gegangen, die Kaffeeküche. Ein großer Tisch im Landhausstil stand da, davor zwei Bänke, die Mitpatienten saßen schon dort und haben gefrühstückt, Tee und Kaffee getrunken. Keiner war überrascht, dass ich da war. Ich habe schon gemerkt, dass die Leute mich erkannt haben, aber das spielte keine Rolle. Ich habe mich da ab der ersten Minute als Mitpatient gefühlt. Einfach als jemand, der wie alle anderen in der Klinik an Depressionen erkrankt war. Schon in diesem Moment ging mir das Herz auf. Ich hätte tatsächlich keine Kraft gehabt, mich zu erklären. Zu erklären, wer Kurt Krömer ist, ob er eine Kunstfigur ist. Bist du Kurt Krömer? Wer ist Alexander Bojcan? Und ich kann mich auch nicht daran erinnern, dass ich viel gesprochen habe. Ich habe »Guten Morgen« gesagt, ich habe mich allen vorgestellt, habe jedem die Hand gegeben. Mir wurde dann von der Sekretärin jemand zur Seite gestellt, ein Mitpatient, der mein Pate für den ersten Tag war, mir alles erklärt hat, mir die Räumlichkeiten gezeigt hat, den Ruheraum, die Therapieräume, das Büro des Chefarztes, die Toiletten. Ich hatte gleich das Gefühl, mich mit jemandem auf Augenhöhe zu unterhalten. Das war eigentlich das Schönste in der Klinik, dass man sich nicht erklären musste. Man musste seinen Zustand nicht erklären, die Odyssee nicht erklären, die man durchlaufen hatte. Man musste sich auch nicht erklären, wenn man morgens mal nicht »Guten Morgen« sagte. Es war nichts Außergewöhnliches, wenn man weinend in die Klinik kam, wenn man verheulte Augen hatte und einfach an der Teeküche vorbeigegangen ist und sich in den Ruheraum gesetzt und einfach noch mal fünf Minuten die Augen zugemacht oder geweint hat. Man musste sich nicht erklären. Endlich nicht mehr lügen müssen, nicht mehr »Alles gut« sagen und einfach Verständnis erfahren.

Ich hatte all die Jahre Leute um mich gehabt – Kollegen, Freunde –, die irgendwann nicht mehr wussten, wie sie mir jetzt noch weiterhelfen sollten. Bestimmt hatten sich einige gedacht, dass ich depressiv sein könnte, aber das wurde nie ausgesprochen, ich war einfach immer der »mit der Scheißlaune«. Das kannte jeder Patient in der Klinik und hatte es selbst schon tausendfach gehört.

Der Tag in der Klinik begann um 09:00 Uhr mit einer zwanzigminütigen geführten Meditation. Dazu sind dann alle Patienten in einen größeren Raum gegangen, man konnte sich Matten holen, Kissen, Decken. Die meisten Meditationen fanden im Liegen statt. Man hat sich hingelegt, konnte sich Kissen und Decken nehmen, die Augen offen lassen oder sie schließen, sich auf den Bauch, den Rücken oder die Seite legen, ganz wie man wollte. Jeden Tag kam ein anderer Therapeut, der die Meditation führte, dabei ging es immer um Atmen, Ein- und Ausatmen. Es ging immer um Entspannung, aber auch um Anspannung, um sich dann besser zu entspannen. Und es ging eigentlich jeden Tag um das Wichtigste: »Genießen Sie den Moment, jetzt, gegenwärtig. Versuchen Sie, Ihre Aufmerksamkeit auf die Gegenwart zu richten. Vergessen Sie die Vergangenheit, vergessen Sie die Zukunft. Versuchen Sie, im Hier und Jetzt zu landen.« Das hat bei mir einige Tage gedauert, bis ich mich auch nur ansatzweise in der Gegenwart befinden konnte. Nach den ersten fünf Minuten meiner ersten Meditation fing ich an zu weinen, die Tränen flossen. Und ich habe oft, ja täglich geweint in der Klinik, es war ein schönes Weinen, so ein Weinen, bei dem man loslassen kann. Ich habe geweint, weil ich gemerkt habe: »Scheiße, jetzt habe ich den Ort gefunden, an dem mir geholfen wird. Jetzt geht es los.« Dadurch fühlte sich alles nicht mehr so schwer an, weil ich wusste, dass jede Minute, die ich in der Klinik verbrachte, alles besser machte. Ich habe also geweint und geweint und geweint, die Nase lief, ich habe Geräusche gemacht. Ich bin nach der Meditation aufgestanden, die Leute haben mich angeguckt und auch da musste ich mich nicht erklären. »Der weint halt, der ist depressiv. Da passiert gerade etwas mit Alexander Bojcan. Lass ihn halt weinen.«

In der Klinik wurde extrem viel über Blicke kommuniziert. Die Leute haben mich angeguckt und ich wusste: »Ey, geil, die verstehen mich. Die verstehen mich alle. Ich kann jetzt einfach weinen.« Ich hätte auch aufstehen, in die Teeküche gehen und mir einen Kaffee machen können. Und keiner hätte Fragen gestellt. Somit war mir schon am ersten Tag der Klinik klar, dass das ein Ort war, der mir unheimlich guttun würde. Ein Ort voller Gleichgesinnter.

Ich bekam einen Stundenplan für die ganze Woche, auf dem alles stand, was täglich stattfand. Mein nächster Termin war um 11:30 Uhr gewesen. Einzeltherapie. Es war gerade 09:20 Uhr. Hä? Zwei Stunden gar nichts machen? Ich habe dann meinen Paten gefragt, was er jetzt machen würde. »Wir gehen in die Kaffeeküche, trinken Kaffee, wir gehen in den Ruheraum und ruhen uns aus, wir schlafen, wir unterhalten uns, lesen, hören Musik oder Podcast«, sagte der. Also habe ich mich in den Ruheraum gesetzt, da standen lauter Sessel, man konnte sich hinlegen, Decken nehmen und aus dem Fenster gucken. Mein Sessel war der am Fenster, ganz dicht am Fenster, da habe ich mir den Baum angeguckt, der vor der Klinik stand. Nach fünf Minuten musste ich aufstehen und ein bisschen laufen, bin die Flure hoch und runter, in die Teeküche, habe mir noch einen Kaffee gemacht und hatte immer noch das Gefühl, ich sei jetzt hier eingesperrt und ich müsste jetzt acht Stunden hierbleiben. Die Pausen waren mir zu lang. Dann kam die Sekretärin auf mich zu und sagte: »Wir haben hier so ein Prinzip, ›Second Buddy‹ heißt das.« Einmal in der Woche finden sich jeweils zwei Patienten zusammen, die dann zusammen essen gehen. Man sucht sich jemanden aus, spricht ihn an und sagt: »Du, sag mal, hast du Bock, mit mir morgen essen zu gehen?« Und dann ist einem das freigestellt, ob du in der Klinik essen gehst oder in die umliegenden Restaurants. An meinem ersten Tag war das einfach, ich hatte ja meinen Paten. Er hat mir seinen Lieblingsitaliener gezeigt. Bis heute finde ich das erstaunlich: Unter depressiven Menschen kommst du sofort ins Gespräch. Bei meinem Paten hatte ich das Gefühl, ihn schon seit zwanzig Jahren zu kennen. Diese Krankheit verbindet einen so dermaßen, denn vieles läuft bei allen Depressiven gleich ab. Du hast immer Konzentrationsschwächen, du hattest vielleicht einen Zusammenbruch, dir wird schwindlig, du kannst nicht schlafen, du bist gereizt, du bist müde, stehst morgens schon müde auf. Das ist die Basis einer Depression. Die Schwere ist unterschiedlich. Die Art der Therapie ist unterschiedlich. Aber die Basis vereint erst mal. Ich war also mit einem wildfremden Mann beim Italiener und fühlte mich verbunden. Wir waren sofort im Austausch, haben uns auch relativ schnell über Medikamente unterhalten. Das ist immer die Standardfrage bei Depressiven: »Welches Antidepressivum nimmst du?« Ich habe das erst im Nachhinein verstanden, dass das ›Second Buddy‹-Prinzip nicht bedeutet, dass du einfach nur mit jemandem zum Italiener was essen gehst, du hast nicht nur deinen Mittagstisch gehabt, sondern das war eine therapeutische Maßnahme, die ja immer über

Austausch funktioniert. Ich rede mit einem Depressiven und er spiegelt mich. Ich sehe, es ist bei ihm genauso wie bei mir. Man tauscht sich aus. Man macht sich auch indirekt Mut. Man supportet sich: »Wir schaffen das schon.«

Wir sind dann zurück in die Klinik gegangen. Wenn man vom Mittagessen kam, hatte man immer noch Zeit bis zum nächsten Termin. Ich konnte also noch einen Kaffee trinken vor der Einzeltherapie. Ich hatte sogar noch Zeit, mich in den Ruheraum zu setzen. Mir kam das alles ewig lang vor. Der erste Tag bestand eigentlich nur aus Warten. Aus Warten und aus Angst haben, weil ich natürlich überhaupt nicht wusste, was mich erwartete. Wie sieht so ein Tag aus? Wie sieht der nächste Tag aus? Ich hatte auch Angst vor der Therapie, weil ich im Wahn war, dass ich in der ersten Stunde so viel wie möglich über die letzten zehn, zwanzig, dreißig Jahre erzählen musste, damit der Therapeut sich ein Bild machen konnte. Ich stand total unter Stress, weil ich dachte: »Wenn du jetzt auch nur eine Sache vergisst, schätzt der dich vielleicht falsch ein und dann kann der dir nicht helfen.« Und dann war es endlich 11:30 Uhr und die Stunde stand an, ich saß meinem Therapeuten gegenüber und ich war fix und alle. Ich habe stark geschwitzt, mein Herz raste und ich hatte Angst. Ich war völlig fertig. Und das schon in der ersten Minute der Einzeltherapie.

Der Therapeut war aber ganz cool. Er gab mir das Gefühl, wir hätten Zeit. Das tat gut, machte mich aber gleichzeitig ein bisschen nervös, weil ich dachte: »Ich habe keine Zeit. Ich bin doch nur acht Wochen hier, ich habe jetzt auch keinen Bock, dass daraus sechzehn Wochen oder zweiunddreißig Wochen werden.«

Der Therapeut begann die Stunde mit einem Bild, ich sollte mir ein Zehntausend-Teile-Puzzle vorstellen, alle Teile sind lose und man pfeffert diese zehntausend Teile durch den ganzen Raum. Überall liegen Puzzleteile. Und dann sollte ich erst mal gucken, wo alle Teile liegen, alle zusammensammeln, die Bildseite erst mal nach oben drehen, nach Farben sortieren und irgendwann machen wir uns an den Rand. Der Rand, das war quasi meine Krankengeschichte. Wenn du den Rand eines Puzzles legst, siehst du das Bild noch nicht. Das Bild siehst du erst nach und nach, wenn du vom Rand in die Mitte kommst. Und wenn alle Puzzleteile gelegt sind, dann siehst du das vollständige Bild. Das Bild stand dafür, was denn eigentlich die Ursache für meine Depression war. Gab es irgendeinen Punkt in meiner Biografie, an dem die Depression eingesetzt hatte? Mein Therapeut ist mit mir von der Gegenwart zurück bis zu meinem elften Lebensjahr gegangen. Als ich elf war, hatte ich zum ersten Mal das Gefühl, dass es mir irgendwie nicht gut ging. Der Therapeut erarbeitete sich meine Biografie, irgendwann lag das Bild vor uns. Mehr als dreißig Jahre Depressionen. Ich war aber nicht die ganzen Jahre schwer depressiv, sondern ich war leicht depressiv, sodass ich das gar nicht wahrgenommen hatte. Ich habe die Depression nicht gespürt oder gefühlt, ich habe nicht gemerkt, dass irgendetwas mit mir nicht stimmte. Erst vor acht Jahren hatte ich mir selbst die Frage gestellt, was bei mir eigentlich los war. Also kann man sagen, zweiundzwanzig Jahre war ich vielleicht leicht melancholisch. Und nach zweiundzwanzig Jahren ging die Depressionstreppe zwar in Mäuseschritten, aber peu à peu immer tiefer in den schwarzen Keller.

An diesem ersten Tag in der Klinik war ich zwar froh, dass ich Gleichgesinnte gefunden hatte, aber ich war auch total angespannt, ich hatte Angst. Die Therapeuten sagten immer mal wieder: »Wir kommen an Punkte, die sehr wehtun.« Da habe ich mich total reingesteigert. Da stand mir meine blühende Fantasie komplett im Weg. Das ist wie beim Zahnarzt, wenn da einer sagt: »Oh, das kann ganz schön wehtun«, dann steigere ich mich da auch total rein. Dann habe ich schon auf dem Weg zum Zahnarzt Schweißausbrüche und in der Praxis klammere ich mich an den Stuhl, weil ich mit Schmerzen rechne, an denen ich dann im Endeffekt sterben werde. Und oftmals ist es dann so, dass der Arzt kurz bohrt, dann pikst es mal oder zieht oder da wurde ein Nerv berührt und dann tut es mal richtig weh gerade, aber es hat mit dem Schmerz, den ich mir ausgemalt hatte, rein gar nichts zu tun. Und so war das in der Klinik auch, ich hatte irre Angst vor den Bereichen, »die dann richtig wehtun«. Vor allem, wenn man an diese Bereiche auch noch in der Gruppentherapie kommt. Diese stand nämlich an.

Ich stand also kurz davor, in den Raum zu gehen, in dem die Mitpatienten im Stuhlkreis saßen, und mich da vorzustellen. Die erste Gruppentherapie meines Lebens. Wir saßen – inklusive der Therapeutin – mit sechs Leuten im Stuhlkreis. Die anderen waren alle schon Wochen oder sogar Monate in der Klinik, kannten sich also schon. Und dann ging's los. Wir haben uns aufrecht hingesetzt, wir haben eingeatmet, ausgeatmet und wir haben geguckt, wie ist denn unsere Stimmung gerade. Sind wir gut drauf? Sind wir schlecht drauf? Sind wir neutral drauf? Das habe ich später echt aus der Klinik mitgenommen, dass man immer in sich reinhört und sich fragt: »Wie geht es dir gerade?« Sagen wir mal, dir geht es jetzt gerade schlecht, dann musst du das gar nicht bewerten, sondern einfach nur wahrnehmen. Danach haben wir alle einmal hörbar ausgeatmet, uns alle angeguckt und dann fragte die Therapeutin: »Wer möchte anfangen?«

Ich war da total schüchtern, ich wollte eigentlich nie anfangen. Ich neige dazu, dann einfach zu verstummen. Ich sitze dann einfach nur da, wenn ich Angst habe oder wenn ich zweifle, ich sage nichts, ich gehe auch nicht in den Dialog, meine Gesichtszüge sind komplett neutral bis angestrengt. Es kann auch sein, dass ich mich in dem Moment über Sachen freue, aber das würde man mir nicht ansehen. In diesen Phasen existiert einfach nur die Hülle. Alexander Bojcan hat den Körper verlassen, ist ganz woanders, vor dir sitzt einfach nur eine Hülle, die schweigt. Komplett blutleer wirkt. Und irgendwann war ich dran. Ich sollte mich erst mal erklären. Also wer ich war, wie alt ich war, wo ich herkam, wie es mir ging. Und eigentlich habe ich in diesem Moment schon das Modell Gruppentherapie verstanden. Du redest öffentlich über deinen Gefühlszustand und fühlst dich direkt minimal besser. Eine Sache, die ich bis dahin nur für mich behalten hatte, mal vor anderen auszusprechen, und dann zu merken, dass die anderen das vielleicht sogar kennen, das hilft einem total. Mit einem Problem gar nicht allein zu sein auf dieser Welt, ist sehr, sehr wirksam. Dann bist du dein Problem, das du hast, noch lange nicht los, aber zu wissen, du bist nicht alleine, das hat mir sehr gutgetan. Ich habe mich tatsächlich wohlgefühlt in dieser Gruppe von wildfremden Menschen. Wahrscheinlich hat jeder

Angst, sich vor fremden Menschen fallen zu lassen. Ich habe mir immer wieder gesagt, dass die Therapeuten in dieser Klinik geschult sind, dass sie teilweise jahrzehntelange Berufserfahrung haben, die würden schon wissen, wie das funktionierte. Das war nicht leicht für mich, das anzunehmen, weil man mit einer Depression an allem zweifelt und ständig den Sinn des Ganzen hinterfragt. Einen richtigen Plan gab es nämlich nicht, zumindest wurde er mir nicht verraten. Du gehst in diese Klinik, die Leute machen was mit dir und dir geht es langsam besser. Ich habe mal einen Patienten, der schon wochenlang da war, gefragt: »Wann war denn der Punkt bei dir, dass es klick gemacht hat? Also welcher Knopf wurde denn bei dir gedrückt in der Gruppen- oder in der Einzeltherapie, dass du gesagt hast: ›Okay, ich habe die Ursache meiner Depression gefunden‹?« Und er sagte mir knapp und klar, dass es diesen Punkt nicht gebe. Das habe sich eher so eingeschlichen. Du veränderst dich irgendwann. Irgendwann verändert sich deine Psyche, du lässt los und die Depression wird weniger, die negativen Gedanken werden weniger und du erreichst dann erst mal die Stufe neutral. Die neutrale Stufe war eigentlich meine Lieblingsstufe. Neutral heißt, dass du weder schlecht gelaunt noch gut gelaunt bist. Du bist emotional neutral. Das ist nichts Positives und nichts Negatives. Du bist im Nullbereich. Beste Voraussetzung. Die Gruppentherapie dauerte zwei Stunden, mit einer kleinen Pause nach einer Stunde. Und dann war es 15:00 Uhr und dann gab es eine Achtsamkeitsübung zum Ausklang des Tages, auch eine geführte Meditation, zwanzig Minuten lang. Das heißt, ich habe mich wieder auf den Boden gelegt, ich war natürlich wieder verkrampft, konnte noch nicht so richtig loslassen. Das hat sich dann nach und nach geändert. Eigentlich fühlte man sich bei diesen geführten Meditationen wie ein Baby, das zwanzig Minuten lang von seiner Mutter gestreichelt wurde. Das war ein sehr wohliges Gefühl. Mit diesem wohligen Gefühl und auch mit den ganzen Sachen, die man erlebt hat, den ganzen Gesprächen, die man geführt hat, den ganzen Emotionen, die man erfahren hat, hat man dann halt die Klinik verlassen. Und eigentlich war der Plan, dass ich dann direkt nach Hause fahre zu meiner Familie, ich habe aber schnell gemerkt, dass der Übergang sehr schwierig war. Ich konnte nach der Klinik nicht sofort nach Hause, also bin ich noch rumgestreunert, bin zum Ku'damm gefahren und den hoch- und runtergelaufen, bin stundenlang gelaufen und habe mich dann an den Savignyplatz gesetzt. Wer Berlin-Schöneberg kennt, der wird die Akazienstraße kennen, den Winterfeld-Marktplatz, den Nollendorfplatz, den Wittenbergplatz – das ist dann schon Charlottenburg. Als ich an diesem Buch gearbeitet habe, bin ich mindestens fünfzigmal diese Strecke gelaufen. Also vom Zoologischen Garten bis zum Wittenbergplatz, über den Nollendorfplatz, Winterfeld-Marktplatz, Goltzstraße hoch, Akazienstraße hoch, die Hauptstraße hoch, bis zum S-Bahnhof Julius-Leber-Brücke, da bin ich dann immer eingestiegen und nach Hause gefahren. Die Leute in Schöneberg müssen gedacht haben, ich habe eine Vollmeise, weil ich wirklich immer wieder diese Strecke gelaufen bin. Ich bin also nach der Klinik zwei, drei Stunden spazieren gegangen, meine Mutter und die Kinderfrau haben sich um die Kinder gekümmert. Die

Kinderfrau habe ich Vollzeit eingestellt und sie gleich noch gebeten, abends zu kochen, damit ich mich darum nicht kümmern musste. Ich konnte nicht gleich wieder alleinerziehender Vater in Vollzeit sein, der nach der Klinik noch einkauft, kocht und alles regelt. Genau deshalb war ich ja in die Klinik gegangen, weil ich eben nicht mal mehr kochen konnte, weil ich nicht einkaufen gehen konnte, weil ich Nervenzusammenbrüche gekriegt habe im Supermarkt, weil ich mit einer Einkaufsliste vorm Regal stand und nicht mehr wusste, wie das funktionierte. Ich habe mir also diesen Abendbrot-Service gegönnt und das war wichtig.

Ich hatte sowieso eine komplett falsche Vorstellung davon gehabt, wie so ein Klinikaufenthalt abläuft. Ich hatte mir das so vorgestellt: »Okay, wenn der Klinikaufenthalt acht Stunden pro Tag dauert, dann therapiert man acht Stunden lang alles weg, was nicht bei drei auf den Bäumen ist. Zack, zack. Strenges Regiment.« Wie bei der Bundeswehr. Und ich habe dann relativ schnell gemerkt, dass man so vielleicht als Komiker eine Tournee planen kann, zwanzig Städte in zehn Tagen, zack, zack. Das, was ich mit einem Rennauto nicht schaffe, mache ich dann mit einem Helikopter. Natürlich war das absoluter Bullshit, in so eine Klinik zu gehen und die Sache schnell abhandeln zu wollen. Da war nichts mit schnell. Es ging in der Klinik um Entschleunigung.

Spätestens am dritten Tag habe ich die langen Pausen zu schätzen gewusst. Ich habe es genossen, nach der Einzeltherapie die Klinik zu verlassen, spazieren zu gehen, frühstücken zu gehen, mittagessen zu gehen, runterzukommen. Die Sachen, die der Therapeut mit mir besprochen hat, auch zu verarbeiten. Das war wichtig. Irgendwann dachte ich sogar, zwei Stunden zwischen diesen Anwendungen sind ja viel zu kurz. Es ging wirklich um Entschleunigung, drücken Sie mal auf die Bremse, setzen Sie sich mal hin. Meditieren Sie mal ein bisschen. Ich hatte jahrelang nicht gefrühstückt, nicht Mittag gegessen, weil ich das gar nicht eingeplant hatte. 06:30 Uhr aufstehen, sich um die Kinder kümmern, den Kindern Frühstück hinstellen oder Frühstücksbrote schmieren, Obst in die Brotboxen stecken. Zusehen, dass die Kinder zeitig das Haus verlassen, damit sie pünktlich in der Schule sind. Ich habe mir die Zeit für Frühstück nie gegönnt. Ich bin dann selber duschen gegangen und dann hatte ich meistens schon die ersten Besprechungen, gegen 14:00 Uhr knurrte mir dann der Magen. Ich war natürlich unterzuckert, hatte schon Schwindelanfälle. Mein Körper hat mir signalisiert: »Hey Alex, jetzt musst du langsam mal was essen.« Dann habe ich mir meistens irgendeine Scheiße reingepfiffen, ein Croissant oder eine Streuselschnecke und dazu dann noch eine Cola. Aber natürlich eine Cola light, denn sonst wird es ja ungesund.

Einmal kam die Therapeutin mit geschälten Äpfeln zur Achtsamkeitsstunde. Apfelscheiben von drei verschiedenen Sorten. Jeder von uns bekam drei Apfelscheiben in einer kleinen Schale. Wir sollten diese Apfelscheiben nehmen und nicht gleich aufessen, sondern erst mal in zwei Finger nehmen, uns diese Apfelscheiben angucken, wir sollten daran riechen. Wir sollten daran lecken. So ein kleines bisschen abbeißen. Versuchen, den Geschmack zu erkennen, es waren ja drei verschiedene Sorten. Und es hat dann fast eine Minute gedauert, bis wir eine Apfelscheibe gegessen hatten. Ich konnte mich nicht daran erinnern, dass ich irgendwann mal in meinem Leben irgendetwas gegessen und darauf geachtet hatte, wie der Geschmack war. Ich habe auch nie genossen. Ich habe jahrzehntelang Alkohol getrunken, habe aber mit Alkohol nie Genuss verbunden. Es gab nie auch nur ansatzweise ein alkoholisches Getränk, das mir geschmeckt hatte. Mir hat Bier nicht geschmeckt, mir hat Wein nicht geschmeckt, mir hat Schnaps nicht geschmeckt. Aber ich wusste halt, wenn ich das fünfte Bier getrunken hatte, dann knallte es im Kopf. Ich wollte keinen Genuss in meinem Leben, ich wollte, dass es knallt. Ich wollte, dass ich betrunken bin. Ich wollte so schnell wie möglich vergessen.

Solche Sachen haben wir also auch in der Klinik gelernt. Ab dato habe ich schon auch ein bisschen anders gegessen, mit mehr Dankbarkeit. Ich dachte dann mal: »Ey, dieses Restaurant, dieses Essen, das ich jetzt hier esse, das ist richtig gut. Sei mal dankbar dafür. Lass mal ruhig ein bisschen Demut walten, dass du dir das überhaupt leisten kannst, dass du das hier gleich überhaupt bezahlen kannst. Dass du dir auch noch einen Nachtisch bestellen kannst.«

Ich bin oft wie betäubt aus der Klinik gekommen. Ich hatte ein gutes Gefühl, dass ich über Sachen gesprochen habe. Nachdem ich dann noch spazieren gegangen bin und alles hatte sacken lassen, habe ich in den ersten Tagen noch mit meiner Freundin darüber gesprochen, was ich in der Klinik erlebt hatte, über was ich dort gesprochen hatte. Da habe ich gemerkt, wie schwierig das sein muss für einen Partner, der mit einem Depressiven zusammen ist. Man kann das nicht erklären, was bei einem Depressiven im Kopf abgeht. Und somit kannst du als Partner eines Depressiven auch nicht wirklich reagieren. Du kannst natürlich Sachen sagen wie »Das wird schon wieder«, aber dann steht man auch eher doof da. Immer, wenn ich über die Klinik gesprochen habe, über das, was ich tagsüber erlebt hatte, habe ich mich wieder selbst in die Depression reingebohrt. Nachdem ich ihr erzählt hatte, was passiert war, war ich richtig scheiße drauf, war im schwarzen Loch. Ich habe das dann in der Klinik berichtet und den Tipp bekommen, zu Hause nur von den Dingen zu erzählen, die ich gut fand, und alles, was mich zu sehr bewegte, einfach wegzulassen.

Traurigerweise habe ich in den ersten Tagen schon gemerkt, dass die Beziehung nicht mehr lange halten würde. Ich habe gemerkt, wie eine sehr kleine Ecke von meinem schwarzen Depressionsschleier langsam von meinem Gesicht gezogen wurde. Ich wusste auch insgeheim, dass es diesen Alexander Bojcan, der ich zu diesem Zeitpunkt war, nicht mehr lange geben würde. Es würde wieder der Alexander Bojcan zum Vorschein kommen, der ich vor acht Jahren gewesen war. Und da passte diese Beziehung einfach nicht mehr. Ich hatte richtige Flashbacks, in denen ich der von früher war. Meine Lockerheit, Leichtigkeit, das Rumalbern, zu Hause Späße machen, Familienmitglieder verarschen und alle zum Lachen bringen. Ich erinnerte mich an Zuversicht, an meine Anarchie, dass ich zu Hause nur das gemacht habe, was mir Spaß gemacht hat, und drauf geschissen habe, was andere Leute gedacht haben oder was sie gesagt oder wie sie sich das vorgestellt hatten. Und diesen Alexander Bojcan habe ich nach ein paar Tagen in der Klinik schon wieder gespürt. Als depressiver, hilfsbedürftiger Mensch wäre die Beziehung sicher auch in die Brüche gegangen, weil das einfach nicht auszuhalten war, mit einem Depressiven zusammenzuleben, der sich nicht helfen ließ. Nun hatte ich mir aber helfen lassen und habe schon in den ersten paar Tagen gemerkt, dass das nächste Opfer, das ich erbringen würde, die Beziehung war. Und dem war ja dann auch so. Kurz danach war die Beziehung beendet.

Damals begann ein achtwöchiger Egotrip. Acht Wochen lang sich einfach nur mit sich selber auseinandersetzen. Das hört sich jetzt vielleicht ein bisschen komisch an, man könnte denken, man sei dann zwar von der Depression geheilt, dafür aber total narzisstisch. Aber Depressive stellen sich und ihre Bedürfnisse ja oftmals hinten an. Ich hatte mich in den letzten acht Jahren nicht wirklich um mich selbst gekümmert. Wenn ich alleine war, habe ich nicht für mich gekocht, das habe ich nicht eingesehen, mich da eine halbe Stunde in die Küche zu stellen und für mich selbst zu kochen und das dann alles innerhalb von fünf Minuten aufzuessen. Ich habe mir auch nichts gegönnt, bin nicht ins Restaurant gegangen, sondern ich habe Junkfood gefressen. Ich habe mir vielleicht ab und zu mal einen Pullover oder eine Hose gekauft.

Eines meiner Muster, das ich in Beziehungen angewandt habe, war, dass ich meine Bedürfnisse nicht ernst nehmen konnte. Wenn mich meine Freundin gefragt hat:

»Was machst du am Samstag?«, dann habe ich sofort gesagt: »Da mache ich gar nichts«, obwohl ich eigentlich schon einen Plan gehabt hatte. Ich wollte eigentlich gerne mal spazieren gehen, ich wollte gerne mal um den Schlachtensee laufen, komplett allein, um meine Gedanken zu sammeln, Sachen zu planen oder zu verarbeiten. Dann habe ich das gegeneinander aufgewogen. Einfach zu sagen, dass ich mal allein sein wollte, das wäre mir nicht über die Lippen gekommen. Ich hätte damals keiner Frau sagen können: »Du, am Samstag möchte ich mich nicht mit dir treffen, denn da habe ich mir überlegt, um den Schlachtensee zu laufen.« Für mich wäre das eine böse Absage gewesen, damit hätte ich gesagt, dass mir der Spaziergang wichtiger wäre als meine Freundin. Ich mag dich nicht, ich will dich nicht um mich haben, ich möchte alleine sein. Bäm, aus! Das ist eine Sache, die ich noch lernen muss, auch wenn ich ganz primitive Dinge machen möchte wie zur Pediküre gehen, dann einfach zu sagen: »Am Samstag kann ich nicht, da bin ich bei der Pediküre. Aber danach vielleicht.«

Ich freue mich nämlich immer, wenn ich Sachen finde, die ich für mich alleine machen kann. Ich gehe in die Stadt und kaufe mir Schlüppis oder kaufe mir einen Badeschaum. Ich habe manchmal sehr melancholische Momente, die ich liebe, dann fahre ich zu Häusern in Berlin, in denen ich mal gewohnt habe als Kind oder als Jugendlicher, und dann stelle ich mich da vor die Tür und erinnere mich an die Zeit damals. Ich rechne dann, wie viele Jahre zwischen dem kleinen Alexander, der mit acht Jahren da gewohnt hat, und dem großen Alexander, der in diesem Moment da stand, vergangen waren. Ich schaue auf die Zeit zurück und denke: »Okay, da ist unglaublich viel Scheiße passiert, aber es sind auch unheimlich viele schöne Dinge passiert.« Auch die Scheißzeiten – das habe ich in der Klinik gelernt – haben mich ja zu dem gemacht, der ich heute bin. Von daher kann man selbst so einer Depression dankbar sein dafür, dass sie mich zu dem Menschen gemacht hat, der ich jetzt bin.

Momentan fühle ich mich mit mir wohl. Ich habe gelernt, dass ich nicht perfekt bin, dass ich auch kein Problem damit habe, das zu sagen, weil kein Mensch perfekt ist. Und wenn ich heutzutage in den Spiegel gucke, dann sehe ich da einen Menschen, den ich gut finde. Und wenn das nicht ich selber wäre, dann würde ich den Typen ansprechen und sagen: »Ey, lass doch mal zusammen in den Urlaub fahren, du bist mir sehr sympathisch.« Also ich finde mich, so wie ich gerade bin, okay. Cooler Typ! Das brachte mir dieser achtwöchige Egotrip auch ein, dass man sich mal wieder mit sich selber beschäftigt. Ich war zum Beispiel acht Jahre lang nicht mehr im Urlaub, ich habe es mir nicht gegönnt. Ich hätte auch in depressiven Phasen gar nicht gewusst, was da zu tun wäre, selbst am schönsten Ort der Welt. Ich hätte nicht gewusst, wie Entspannung aussieht. Oder wie ein schöner Spaziergang aussieht. Für mich war alles schwarz, traurig und dunkel.

Der dritte Tag stand an. Mittwoch. Auf dem Plan stand heute unter anderem »Improvisation«. Als ich das gelesen habe, habe ich schon ein bisschen gezittert, weil mir das zu dicht an meinem Beruf dran war. Ich meine, ich stehe jetzt seit mittlerweile fünfundzwanzig Jahren auf der Bühne und improvisiere viel und bin sicherlich auch berühmt geworden durch meine Improvisation. Das heißt, in dieser Stunde wäre ich sicher der Einser-Schüler gewesen, der ganz genau weiß, welche Knöpfe man drücken muss. Aber darum ging es ja nicht. Es ging ja nicht um einen Auftritt, mit dem man andere zum Lachen bringt. Die Improvisation in der Klinik sollte dein Gehirn ein bisschen durcheinanderbringen oder dazu führen, dass du dich ein bisschen freier machen kannst.

Damit hatte ich große Schwierigkeiten und auch große Angst davor. Ich war in diesem Raum mit den Mitpatienten wieder völlig schüchtern und kurz angebunden, war wieder nur eine Hülle von Mensch. Die erste Übung bestand darin, einfach nur durch den Raum zu laufen, zu gucken, dass man nicht aneinanderstieß, dass man immer einen Sicherheitsabstand einhielt. Man sollte den Kopf mal frei bekommen, indem man auf diese kleinen Dinge achtete. Das tat mir auch sehr gut. Dieses depressive Rumdenken auf Problemen, das kannst du durch solche Übungen mal kurz abschalten, indem du dich wirklich nur auf deine Beine konzentrierst, auf deine Arme, dass du im Kreis läufst, dass du zickzack läufst, dass du Augenkontakt zu den anderen Mitpatienten aufnimmst. Aber als man sich dann zu zweit zusammentun und an einen schönen Ort sehnen sollte, da fing es bei mir dann an, kritisch zu werden. Das sind die Geschichten, die ich mir sonst aus den Fingern sauge, wenn ich auf der Bühne stehe. Und vielleicht hat mich das auch zu sehr an Kurt Krömer erinnert. Als Kurt Krömer hätte ich in dieser Stunde wahrscheinlich wunderbar glänzen können, hätte meine depressiven Mitpatienten alle zum Lachen bringen können, aber ich wollte in dieser Klinik nichts mit Kurt Krömer zu tun haben.

Kurt Krömer ist eine Kunstfigur. Kurt Krömer existiert nicht. Hier ging es um den total angeschlagenen Alexander Bojcan, der am Boden lag und einfach nur noch ein Häufchen Elend war. Ich wollte auch überhaupt nicht lustig sein. Ich hätte das als äußerst schmerzhaft empfunden, wenn Leute gelacht hätten, wenn ich irgendetwas gesagt hätte. Ich war da absolut verletzlich, ich war dünnhäutig, ich war unheimlich nah am Wasser gebaut, und ein Lachen über mich hätte mich verletzt und hätte vielleicht sogar zu einer Panikattacke geführt. Ein Kurt Krömer ist stark, ein Kurt Krömer ist redegewandt, Kurt Krömer weiß in jeder Situation, was zu sagen ist. Kurt Krömer haut auf den Tisch, sagt seine Meinung, aber ein Kurt Krömer hat eben auch keine vier Kinder, von denen er drei allein erzieht. Ein Kurt Krömer muss nicht morgens um 06:00 Uhr aufstehen und die Frühstücksboxen der Kinder füllen. Kurt Krömer muss auch nicht zum Elternabend gehen. Kurt Krömer muss nicht einkaufen gehen und Kurt Krömer muss auch keine Essensliste erstellen und Kurt Krömer muss sich nicht individuell um vier Kinder kümmern. Kurt Krömer existiert halt von 20:00 bis 22:30 Uhr und dann macht es »peng« und Kurt Krömer ist weg.

Ich habe dann mit dem Chefarzt der Klinik gesprochen und ihm das erklärt, dass ich Probleme hatte mit dieser Improvisationsstunde. Und wir haben uns dann darauf geeinigt, dass ich das einfach auslasse: »Okay, Herr Bojcan, wenn Ihnen das nicht guttut, dann müssen wir das natürlich weglassen. Wir wollen Sie ja nicht quälen damit.« Das hat mir ein gutes Gefühl gegeben. Ich konnte dann am Mittwoch immer schon um 12:00 Uhr wieder nach Hause gehen. Und dann habe ich jeden Mittwoch ab 12:00 Uhr pfeifend, feixend und mit einem Lächeln im Gesicht die Klinik verlassen und habe mir einen schönen Nachmittag gemacht.

Vierter Tag in der Klinik. Ich fing an, mir eine Routine zu basteln. Um 08:45 Uhr kam ich an der S-Bahn an, direkt daneben war eine kleine Bäckerei, in der ich mir eine Vollkorn-Stulle kaufte. Schwarzbrot, entweder mit Lachs oder mit Ei. Mehr gab es nicht. Ansonsten hätte es nur noch Schrippen gegeben, aber ich dachte mir, Weißmehl war keine gute Idee, ich wollte Schwarzbrot. Schwarzbrot ist anständig, Schwarzbrot ist gesund, Schwarzbrot passt zu jemandem, der eine Routine hat. Ich habe mir also jeden Tag für 2,95 Euro eine Schwarzbrot-Stulle gekauft, dazu noch eine Cola light. Cola light, 0,5 l Plastikflasche, war mir immer ganz wichtig. Ich glaube, ich brauchte etwas zum Festhalten. Ich trinke jeden Tag entweder Cola oder Mate. Immer, wenn ich in die S-Bahn steige, habe ich eine Flasche dabei. Ich brauche einfach etwas, an dem ich mich festhalten kann, vielleicht auch eine Ersatzdroge für den Alkohol, das weiß ich nicht. Und das ist eben Cola light oder Mate. Jedenfalls habe ich mir meine Stulle eingepackt, meine Cola light und bin zur Klinik gelaufen. Von der Bäckerei bis zur Klinik waren es ungefähr acht Minuten. Ich war also um 08:54 Uhr in der Klinik. Die besten Tage waren die, an denen ich es morgens noch geschafft habe, mir einen Kaffee zu machen, den Kaffee auszutrinken und in der Teeküche meine Lachs- oder Eierstulle zu essen. Um 09:00 Uhr begann dann die Achtsamkeitsrunde.

Ich habe mich mit den Mitpatienten auf den Boden gelegt und ich habe es immer noch nicht geschafft, die Augen zu schließen. Ich wusste nicht, wovor ich eigentlich Angst hatte. Mir wurde sogar schwindelig, als ich auf dem Boden lag. Ich hatte das Gefühl, wenn ich die Augen schließe, würde ich ohnmächtig. Das war eine ganz große Angst. Dann habe ich mich an den Spruch von Dean Martin erinnert: »Woran merkt man, dass man richtig betrunken ist? Wenn man auf dem Boden liegt und sich am Teppichboden festhält, weil man Angst hat, hinzufallen.« Das war bei mir im nüchternen Zustand genau die gleiche Situation. Ich hatte Angst, ohnmächtig zu werden. Vielleicht hatte ich auch Angst, dass sich irgendetwas öffnen könnte. Ich glaube, in der ersten Woche hatte ich sowieso Angst, dass irgendetwas mit mir passiert, dass ich irgendeine Erkenntnis über mich gewinne, die mir die Beine unterm Arsch wegzieht. Ich hatte auch Angst, dass ich ein ganz anderer Mensch werden könnte als der, der ich dachte zu sein. Das ist – so weiß ich heute – der Sinn des Klinikaufenthalts, dass man sich selbst kennenlernt. Ich hatte große Angst davor, dem wahren Alexander Bojcan zu begegnen, dem Alexander Bojcan, der sich nichts vormacht, dem man nichts mehr vormachen kann, der komplett die Hose runterlässt. Alexander Bojcan in seiner reinsten Form. Was wäre denn gewesen, wenn Alexander Bojcan in seiner reinsten Form das absolute Vollarschloch gewesen wäre? Oder wenn rausgekommen wäre, dass Alexander

Bojcan eine absolut kranke Person war? Was wäre gewesen, wenn Alexander Bojcan gar nicht mehr heilbar gewesen wäre? Wenn ich so dermaßen nicht mehr alle Latten am Zaun gehabt hätte, dass einer gesagt hätte, ich müsse für alle Zeiten in der Klinik bleiben? Davor hatte ich Angst, vor der Wahrheit. Dass wir irgendwann in dieser Therapiezeit eine Tür aufmachen würden und ich mich zu Tode erschrecken würde, weil ich mich selber kennengelernt hätte.

Ich glaube, irgendwann habe ich einfach losgelassen. Ich habe einfach dort gelegen, die Muskulatur hat sich entspannt, ich habe losgelassen. Ich hatte in den letzten Jahren immer irgendeine Verspannung. Entweder war der Rücken verspannt oder es war ein Nerv eingeklemmt, weil ich eine Getränkekiste angehoben hatte oder husten musste und zack, Nerv eingeklemmt. Ich habe auch nie ruhig geschlafen. Ich war jahrelang angespannt, einfach unendlich angespannt und verkrampft. Und ich glaube, in diesen morgendlichen Achtsamkeitsübungen habe ich mich zum ersten Mal seit Jahren entspannt. Der Körper und auch der Geist haben sich gelöst. Und auch am vierten Tag musste ich wieder weinen. Ich musste bitterlich weinen. Aber ich nenne das »die glücklichen Tränen«.

Ich habe das noch heute, dass ich durch die Stadt laufe, dass ich im Zug sitze, dass ich Menschen begegne, dass ich Gespräche führe und dass ich irgendwann einfach weinen muss, vor Glück. Das ist neu für mich. Ich habe früher viel geweint, ich war verzweifelt, ich war deprimiert, ich war am Ende. Und da in der Klinik, auf dem Boden, habe ich geweint, weil ich glücklich war, weil ich an diesem vierten Tag gemerkt habe, dass ich an einem

Ort war, an dem mir geholfen wurde. Und ich wurde immer entspannter und ich habe immer lauter geweint, bis die zwanzig Minuten vorbei waren.

So, jetzt erst mal eine rauchen. Zum Rauchen bin ich immer in den Hinterhof gegangen. Zum Glück waren auch andere Mitpatienten Raucher. Alleine war ich da nie. Ich stand dann beim Rauchen am Donnerstag mit einer Mitpatientin auf dem Hof und wir haben uns unterhalten. Morgen sei ihr letzter Tag, sagte sie. Dann würden wir sie verabschieden. Ich habe sie gefragt, wie es ihr gehe und wie sie sich fühle. »Bisschen wackelig noch«, sagte sie. »Kann sein, dass ich wiederkomme.« Man konnte also wiederkommen. Vielleicht reichten acht Wochen gar nicht aus. War das wie beim Alkohol? Konnte man rückfällig werden? Und würde man dann wieder von vorne anfangen? Das hat mich alles sehr verwirrt. Sie sagte, sie wolle es noch mal in einer anderen Klinik versuchen. Und zack, hatte ich schon wieder Paranoia, ob die Klinik doch scheiße war, vielleicht hatten die hier alle keine Ahnung. Die ganzen Therapeuten, die ganzen Sitzungen. Bringt bestimmt gar nichts. Die Mitpatientin wollte sich verabschieden, sah dann, dass ich wie ein Häufchen Elend dreinschaute, und riss mich aus meinen Panikgedanken: »Alles wird gut.« Dann mussten wir beide zeitgleich loslachen. Sie hat selber gemerkt, dass das der Satz von Leuten ist, die überhaupt nicht wissen, was man zu einem Depressiven sagen soll. Ab dato haben wir uns den ganzen Tag irgendwelche blödsinnigen Sätze an den Kopf gehauen, die Depressive einfach nicht mehr hören können. Ich zuerst: »Du, guck doch mal 'ne Komödie, dann hörst du endlich auf, so traurig zu sein.« Dann war sie dran: »Du immer mit deiner Scheißlaune.« Dann ich wieder: »Jetzt reiß dich mal zusammen, dir geht es doch gut.« Den ganzen Tag haben wir gelacht.

Danach habe ich mich mit meinem Paten vom ersten Tag unterhalten. Wir haben ein Zwischenfazit gezogen. Ich war total ernst, habe mich selbst analysiert, habe aufgezählt, was ich gelernt hatte und was ich noch vorhatte. Irgendwann guckte mich mein Pate an, fiel mir ins Wort und sagte: »Alexander, du hast gerade gelacht.« Mir war das gar nicht aufgefallen. Ich habe richtig geschluckt, ich war richtig erschrocken. Was? Ich habe gelacht? Hatte ich gelächelt oder hatte ich gelacht? Laut gelacht? Der Satz hallte in mir nach. Später auf dem Nachhauseweg dachte ich darüber nach, wann ich zum letzten Mal gelacht hatte. Es fiel mir nicht ein. Vielleicht hatte ich so getan, als hätte ich gelacht, aber so richtig gelacht hatte ich nicht. Und dann fing ich wieder an zu weinen. Und dann musste ich lachen. Ich habe bitterlich geweint, weil ich lachen musste. Ich habe laut gelacht, weil ich bitterlich weinen musste. Und dann dachte ich: »Na, was denn nun? Willst du jetzt heulen oder willst du jetzt lachen?« Ich war völlig durcheinander. Ich habe mich für Weinen entschieden. Endlich kann ich weinen und somit loslassen.

Ich habe in der Klinik gemerkt, dass ich unglaublich gerne weine. Ich hatte in all den Jahren nicht wirklich geweint. Ich hatte zwar ganz oft gemerkt, dass die Tränenflüssigkeit so langsam in die Augen schoss, aber es kamen nie Tränen raus. Die Augen wurden richtig salzig, es hat richtig gebrannt. Aber die Tränenflüssigkeit hat das Auge nicht verlassen. Mir ist keine Träne über die Wange geflossen. Und ich habe mir jahrelang eingebildet, wenn ich jetzt weine, dann bricht alles zusammen. Dann kriege ich einen Nervenzusammenbruch oder ich muss sterben, weil sich dann alles löst in meinem Körper und diese Entladung dazu führt, dass ich hinfalle und tot bin. Deswegen hat irgendetwas in mir dieses Weinen immer zurückgehalten und deswegen war ich auch so angespannt. Heute weine ich sehr gerne. Wenn irgendwas ist, einfach losheulen. Ist mir auch egal, wenn jemand dabei ist. Ich weine auch in der S-Bahn bei voller Besetzung. Manchmal gucken die Leute komisch und dann sitze ich mit verheulten Augen da, gucke zurück und sage: »Ja nun, ist halt so, ne? Manchmal muss man halt weinen. Da löst sich was.« Und dann fange ich an, die Leute im Zug zu therapieren. »Manchmal löst sich was. Da muss halt was raus, ne? Ist halt so. Nicht immer alles in sich reinfressen, sonst kriegt man irgendwann Magenkrebs.« Meistens muss ich dann wieder lachen. Dann bin ich stolz auf mich und dann fang ich wieder an zu weinen. Ich finde das herrlich. Ich könnte mir jetzt ein Leben ohne Weinen gar nicht mehr vorstellen. Ich weiß nicht, ob ihr das auch kennt, ich nenne das wie gesagt positives Weinen. Da wird der ganze Dreck aus dem Körper gespült. In der Tränenflüssigkeit ist die ganze Scheiße drin, die dann rauskommt. Und wenn ich mich so richtig ausgeheult habe, dann geht es mir richtig gut. Dann fühle ich mich, als hätte ich zehn Tage geschlafen oder als wäre ich eine Woche im Urlaub gewesen. Wir sollten alle viel mehr weinen.

Freitag, fünfter Tag. Die erste Woche war fast schon rum. Heute stand auf dem Stundenplan die sogenannte Indikationsgruppe Depression. Die wurde von einem Psychiater geleitet, der auch in der Klinik therapiert hat. Und das fand ich richtig toll. Toller Typ. Graue Stoppelhaare, Brille, dünn, modisch, immer toll gekleidet, tolle Uhr – ich glaub, ich habe sogar die gleiche. Wie ein Bilderbuch-Psychiater stand der da. Ein sehr fröhlicher Mensch, von dem ich mir gern beibringen lassen wollte, so fröhlich zu sein wie er. Dieser Psychiater hat sogar Späßchen gemacht, über die man wirklich lachen musste. Das war übrigens eine sehr absurde Situation, wenn in der Depressionsklinik gelacht wurde. Ich kann mich noch erinnern, dass ich eines Morgens mal völlig verheult in die Klinik kam, an der Teeküche vorbei, kein Blickkontakt zu den Mitpatienten. Ich bin dann gleich in den Ruheraum, habe zu Ende geweint, habe in Ruhe geatmet und auf einmal habe ich Lachen aus der Teeküche gehört und war richtig entsetzt: »Ey, wo gibt es denn so was? Das ist eine Depressionsklinik, da darf doch nicht gelacht werden!« Wie ein Feldmarschall, der mit einer Reitgerte auf den Tisch schlägt und anordnet: »Das darf es hier nicht geben!«

Natürlich darf es das geben. Im Nachhinein fand ich das schön, weil ich gemerkt habe, die anderen sind schon weiter als ich. Ich habe nicht richtig gelacht. Ich habe bis auf das eine Mal nicht gelacht. Das war alles eine Achterbahn der Gefühle, das ging rauf und runter, das ging ganz tief in die Depression rein, das ging auch ganz nach oben, das war so, als wenn mir jemand Ecstasy in die Fanta gemischt hätte. Wenn du dir eine Pille einwirfst und richtig high bist, dann bekommst du ja auch am nächsten Tag dafür die Strafe, landest richtig tief im Keller. So war das.

Ich war unheimlich euphorisch und dachte, eine Woche würde sicher schon reichen, ich sei geheilt. Und dann kam der Absturz und ich war mir sicher, acht Wochen würden niemals ausreichen.

Mein Lieblingspsychiater hat uns zum Beispiel darüber aufgeklärt, wie ein Antidepressivum wirkt, welche verschiedene Antidepressiva es gibt, wie diese Stoffe im Gehirn überhaupt wirken. Er hat uns auch beigebracht, dass Depressive »katastrophisieren«. Ein schönes Wort. Auch im Nachhinein, scheiße, wenn man es tut, aber schön, wenn man weiß, dass es ein Wort dafür gibt. Ein Beispiel dafür: Der Depressive hat sich zum Telefonieren mit seiner Freundin verabredet, um 15 Uhr. Jetzt ist 15:00 Uhr, es ist vielleicht sogar schon 15:05 Uhr, da fängt der Depressive – das ist jetzt hier wirklich ein Beispiel aus meinem Leben – an zu katastrophisieren. Er denkt z. B., dass sie nicht anruft, bedeutet bestimmt, dass sie ihn nicht mag. Würde sie ihn mögen, würde sie ja anrufen. Oder sie will Schluss machen. Die sitzt jetzt gerade zu Hause und zögert. Die traut sich nicht, ihn anzurufen und zu sagen, dass Schluss ist, weil sie ihn vielleicht nicht verletzen möchte. Verstehst du, was ich meine? Man dreht die Problemschraube. Man baut ein Gedankenkonstrukt auf, das gar nichts mit der Realität zu tun hat, vielleicht ist ja einfach nur ihr Akku leer. Vielleicht sitzt sie gerade im Taxi, vielleicht führt sie gerade ein Gespräch, vielleicht kauft sie aber auch gerade ein Geschenk für ihn und ruft ihn deshalb nicht an. Der Depressive katastrophisiert, wird immer wütender. Auf einmal bekommt man vielleicht sogar einen richtigen Hass auf die Frau, die gerade nicht anruft, und man dreht sich immer weiter in dieses Problem rein. Das habe ich leider sehr oft in meinem Leben gemacht.

Es gibt so eine schöne Geschichte von Paul Watzlawik, in der möchte ein Mann ein Bild aufhängen. Den Nagel hat er, aber der Hammer fehlt ihm. Und da denkt er sich: »Ich könnte ja rübergehen zum Nachbarn, der könnte mir einen Hammer leihen.« Und dann denkt er: »Na ja, aber vielleicht gibt er mir den Hammer nicht oder er gibt ihn mir, will ihn aber sofort wieder zurückhaben und ich schaffe es in der Zeit gar nicht, den Nagel in die Wand zu hauen, und dann werde ich vielleicht sauer, vielleicht wird er dann auch sauer.« Die Geschichte schaukelt sich immer weiter hoch, der Typ, der sich den Hammer ausleihen möchte, katastrophisiert und kriegt irgendwann so einen Hass auf den Nachbarn, dass das Ganze eskaliert, als der Typ zu seinem Nachbarn rübergeht. Er klingelt und als der nichts ahnende Nachbar die Tür öffnet, schreit der Typ: »Pass mal auf, behalt mal deinen Scheißhammer!« Ende der Geschichte. Katastrophisieren. Ein geiles Wort, wenn man weiß, was es bedeutet. Absolute Scheiße, wenn man es macht.

So, die erste Woche war geschafft. Ich hatte Wochenende. Ich hatte sogar kinderfrei an diesem Wochenende. Meine Kinder sind alle zwei Wochenenden bei ihren Müttern und dann habe ich von Freitagnachmittag bis Sonntag sturmfreie Bude. Ich musste das ja erst lernen, ich lerne das eigentlich immer noch, wie das geht, alleine zu sein. Ich habe das anfangs überhaupt nicht gepackt. An dem ersten Wochenende der Klinikzeit war ich völlig verstrahlt. Ich traf mich mit meiner damaligen Freundin und habe versucht, nichts von der Klinik zu erzählen, nichts von dem, was mich emotional bewegt hatte in der Woche. Aber irgendwie klappte das nicht. Wenn mich etwas bewegt, dann muss ich darüber sprechen. Ich glaube, ich habe meiner damaligen Freundin Angst gemacht. Nicht bewusst, natürlich. Mir dabei zuzusehen, in welcher Verfassung ich damals war und was ich da erzählte, da konnte man sicher Angst bekommen. Angst um mich, dass ich tot umfalle, dass ich einen Herzinfarkt kriege oder dass ich den Verstand verliere. Ich glaube, ich habe auf viele Leute in meinem Umfeld so gewirkt, als wenn ich den Verstand verlieren würde. Im Nachhinein war das aber Teil der Lockerung, Teil des Auflösens aller Verspannungen.

Jedenfalls war die erste Woche in der Klinik beendet und ich hatte das Prinzip verstanden. Also ab jetzt würde das so weitergehen, dass sich das wöchentlich wiederholte. Zweimal in der Woche Einzeltherapie, dreimal in der Woche Gruppentherapie, einmal in der Woche Kreativtherapie, einmal in der Woche Yoga. Für mich, der eine Routine haben wollte, war das natürlich perfekt. Ich wusste, am Montag komme ich wieder in die Klinik, dann würde ich wieder meinen Wochenplan bekommen. Diese Struktur fühlte sich sehr gut an. Das kannte ich als trockener Alkoholiker ja schon, dass Struktur für mich sehr wichtig war.

Als ich den Entzug hinter mich gebracht hatte, bin ich auch mit einem Wochenplan rumgelaufen, da stand dann: »Am Freitag um 12:00 Uhr einkaufen, Dienstag und Donnerstag Sport«. Da standen auch Sachen wie: »Montags, mittwochs, freitags waschen« oder: »15:30

Hortende, montags Büroarbeiten von 10–12 Uhr«. Als Alkoholiker brauchst du eine Struktur, in der du dich bewegen kannst. Wie bei der Bundeswehr. Das hat mir eine unheimliche Sicherheit gegeben.

In der zweiten Woche ließ ich jedoch meine Routine etwas schleifen. Ich habe es nicht immer geschafft, um 08:45 Uhr am S-Bahnhof anzukommen, manchmal war ich vielleicht erst um 08:55 Uhr am S-Bahnhof und wusste, wenn ich jetzt noch zum Bäcker ging und mir meine Stulle und meine Cola light holte, dann wäre ich zu spät in der Klinik. Und ich hatte große Angst vorm Zuspätkommen. Wenn das meine Freunde lesen, werden sie sich totlachen, weil ich dafür bekannt bin, immer zu spät zu kommen, aber halt nur bei Leuten, die ich gut kenne. Also wer mich gut kennt, wer seit Jahren mit mir befreundet ist, der wartet seit Jahren auf mich, weil Alexander nicht aus dem Arsch kommt. Aber bei der Klinikgeschichte war das so, dass ich richtig Angst davor hatte, zu spät zu kommen. Mein Herz raste vor Angst. Wenn ich meine Bahn verpasst hatte und wusste, die Achtsamkeitsübung würde schon angefangen haben, wenn ich käme, das war der Horror. Ich katastrophisierte in der S-Bahn. Das alles war ja überhaupt nicht meine Schuld, die S-Bahn war einfach ausgefallen. Aber Fakt war, ich kam zu spät. Die Silvesterraketen in meinem Hirn schossen los. Wenn man in die Klinik wollte, musste man klingeln, diese Klingel war im ganzen Gebäude zu hören. Wenn ich also um zehn nach neun da klingeln würde, kämen alle aus ihrer Konzentration raus, dann würde sicher ein Therapeut durchdrehen und durch die ganze Klinik schreien:

»Welches Arschloch hat jetzt hier um zehn nach neun geklingelt?« Außerdem konnte ich auf gar keinen Fall noch in den Meditationsraum gehen, zehn Minuten zu spät, in dem die ja alle schon auf dem Boden liegen und ihre geführte Meditation machen würden. Ich machte einen Plan: »Okay, wenn du um zehn nach neun da ankommst, dann gehst du in die Teeküche, machst dir einen Kaffee und wartest, bis die zwanzig Minuten vorbei sind.« Ich fing in der S-Bahn an, eine Erklärung, eine wahrhaftige, ehrliche Erklärung, weswegen ich zu spät gekommen bin, weswegen ich geklingelt habe, zu konstruieren, denn ich stellte mich ja darauf ein, dass alle Mitpatienten sauer auf mich wären, dass alle im Kreis um mich herumstünden und mich fragen würden, ob ich sie noch alle hatte. Dieses extreme Reinsteigern hatte ich über die Jahre perfektioniert. Wenn ich meinen Personalausweis verlängern oder mich ummelden musste, habe ich mich schon Tage vorher darauf eingestellt, dass die Frau oder der Mann hinterm Schalter mich blöd anpissen würde, also habe ich mir schon Sachen zurechtgelegt, die ich der Person an den Kopf knallen könnte, wenn die mir zu blöd kommen würde. Das bedeutet: Noch bevor ich die Tür zum Amt geöffnet hatte, war ich schon im Kriegszustand. Die Pistolen waren geladen und ich war beim Betreten der Amtsstube auf stand by, um das ganze Amt in die Luft zu sprengen. Das kostete natürlich wahnsinnig viel Energie – das Amt ist vielleicht ein schlechtes Beispiel, weil die dich da ja oftmals wirklich scheiße behandeln –, aber in den meisten Fällen hatte ich katastrophisiert und bin dann einem Gegenüber begegnet, das sagte: »Hallo, schönen guten Tag, was darf ich denn für Sie tun?« Meistens sind einem die Leute doch wohlgesinnt, es gibt gar keinen Anlass für Streit, ich musste mir gar nicht zurechtlegen, wie ich kontern oder mein Gegenüber in die Schranken weisen würde. Dieses Muster kam in der Klinik deutlich zum Vorschein. Man nennt das ja den »inneren Kritiker«. Der innere Kritiker kommt aus deiner Kindheit, in der du deinen Eltern besonders gefallen willst. Der innere Kritiker sagt: »Mach das lieber nicht, fahr lieber nicht in zwei Wochen an die Côte d'Azur, denn da ist das Wetter scheiße.« Der innere Kritiker hat Angst rauszugehen, aus dem Trott zu kommen, seine Struktur zu verlassen. Von daher verneint der innere Kritiker alles, was schön sein könnte. Und diesen inneren Kritiker, den habe ich in der Klinik noch mal besser kennengelernt. Das ist genau der Typ, der gesagt hat: »Du musst pünktlich sein, sonst kriegst du Anschiss.« Nun wurde in der Klinik niemals geschimpft, weil ich zu spät gekommen war. Und das Absurde ist: Ich wusste doch eigentlich, dass es keinen Ärger geben würde, und trotzdem habe ich mich täglich so unter Druck gesetzt. Ich nenne das bis heute »den anarchistischen Preußen«. Auf der einen Seite bin ich total anarchistisch und sage: »Ey, leckt mich alle am Arsch, ich mache nur das, was mir Spaß macht.« Und der Preuße in mir antwortet darauf mit: »Du kannst machen, was du willst, aber du musst halt pünktlich sein.« Diesen inneren Dialog führe ich zum Glück heute nicht mehr. Heute denke ich, wenn man zu spät kommt, kommt man eben zu spät.

Ich bin jeden Morgen die gleiche Strecke gefahren. Immer an der gleichen Stelle eingestiegen, immer zur gleichen Uhrzeit. Irgendwann sagte ein Therapeut: »Sie sind dann natürlich schon in ihrer ausgedachten Struktur, das muss immer alles gleich laufen. Kommen Sie davon mal weg. Fahren Sie mal einen anderen Weg.« Zur Klinik hätte man drei Strecken fahren können, dann bin ich also mal eine andere Strecke gefahren. Problem: Da, wo ich umsteigen musste, wurde die U-Bahn-Station umgebaut. Man konnte an dieser U-Bahn-Station also nicht halten. Ich musste eine Station weiter- und dann wieder zurückfahren. Das Ding kostete mich fünfzehn Minuten. Das hieß, ich würde so was von zu spät kommen, ich bekam Schweißausbrüche, fing schon wieder an zu katastrophisieren, wollte mir gerade eine Geschichte zurechtlegen, als ich dachte: »Nee, Diggi, Challenge, Baby! Challenge!« Dann bin ich noch langsamer gelaufen und es war 09:35 Uhr, als ich in der Klinik ankam. Die Gruppentherapie hatte schon angefangen und ich habe mich richtig gefreut, ich dachte: »Geil, du kommst heute richtig fett zu spät.« Ich habe geklingelt, zweimal hintereinander, und die Sekretärin hat mir die Tür aufgemacht. Erhobenen Hauptes und ganz stolz habe ich gesagt: »Guten Morgen. Ich bin zu spät.« Ich musste richtig lachen und habe mich sehr gefreut. Dann bin ich in den Raum, in dem die Gruppentherapie stattfand, und musste lächeln. Als hätte ich einen großen Auftritt im Burgtheater, so stand ich vor meiner Gruppe, mein ausgestreckter Arm ging schwungvoll in die Luft, als ich sagte: »Guten Morgen, Leute. Ei der daus, ich bin fast 'ne Stunde zu spät.« Und alle mussten lachen. Die Therapeutin hat sich gefreut. Wenn nicht Corona gewesen wäre, hätten wir uns alle in den Armen gelegen. Was für ein Tag. Der schönste Tag in unserem Leben – Herr Bojcan kommt fast eine Stunde zu spät. Und weißt du was, sogar mit einem Lächeln im Gesicht. Wir haben dann alle ausgelacht und dann ging die Gruppentherapie los.

Ich habe in der Klinik gelernt, wie kaputt die Welt war, in der ich lebte. Also wirklich kaputt. Als Depressiver denkt man natürlich immer, alles sei schlecht und scheiße. Es war immer scheiße und es würde immer scheiße bleiben. Der Istzustand – also die Situation, in der ich mich befand – war nicht gut, war kaputt. Nicht weil die anderen kaputt waren, sondern die Depression hatte dazu geführt, dass mein Umfeld kaputt war und ich das nicht erklären konnte. Ich konnte überhaupt nicht mehr mit den Leuten reden. Wenn es Probleme gab oder irgendetwas schieflief, dann habe ich dichtgemacht und weggehört oder ich dachte: »Okay, das mache ich morgen, jetzt ist nicht der richtige Zeitpunkt, um mal etwas zu klären.« Ich habe ganz oft im Bett gelegen und gehofft, dass sich alles von alleine lösen würde. Das war wie ein schleichendes Gift, dieses »Alexander redet nicht, er sagt nicht, was los ist, er sagt nicht, was er jetzt wirklich hat«. Und ich, ich wusste jahrelang nicht, was ich wirklich hatte. Ich war gelähmt.

Dieses Bild, das Torsten Sträter und ich in der Sendung verwendet haben, diese dicke, alte, hässliche, fette Hexe, die nach Scheiße stinkt, die da auf deiner Brust sitzt und partout nicht mehr weggehen will, das war der Istzustand, jahrelang. Du musst dir vorstellen, dass dein Haus brennt, und du sitzt darin und kannst es nicht löschen. Du kannst nicht mal zum Hörer greifen, um die

Feuerwehr zu rufen. Wenn ich mich nicht um diese Depression gekümmert hätte, wäre ich in meinem eigenen Haus verbrannt. Die hätten da eine verkohlte Leiche gefunden von einem Mann, der auf der Couch verbrannt ist.

Ich hatte so viele Probleme. Es wurden immer mehr. Wie früher, als ich beim Schwarzfahren erwischt wurde und vierzig Mark Strafe zahlen sollte. Ich konnte das nicht bezahlen. Und da ich nicht bei der BVG angerufen und gesagt hatte: »Passen Sie mal auf, ich habe die Kohle jetzt einfach nicht. Kann ich das auf Ratenzahlung machen oder können Sie das aufschieben oder kann ich Ihnen die Scheiße irgendwann überweisen, wenn sie da ist?«, da ich das nicht gemacht habe, kamen die erste, zweite und dritte Mahnung, irgendwann kam das Inkassobüro und dann wurden aus den vierzig Mark zweihundertfünfzig Mark. Da schnürte sich der Strick um deinen Hals, aber richtig eng. Wenn ich vierzig Mark nicht bezahlen konnte, dann konnte ich zweihundertfünfzig Mark erst recht nicht bezahlen. Und genauso war das mit meinen Problemen. Aus kleinen Problemen wurden immer größere Probleme, aber ich habe das halt verdrängt und immer wieder gesagt: »Mache ich morgen«, und irgendwann hatte ich gefühlt fünftausend Probleme. Ich wusste überhaupt nicht mehr, wo ich ansetzen sollte. In der Klinik hat meine Therapeutin mir so geholfen: »Wissen Sie, wie das ist? Sagen wir mal, Sie haben zehn Probleme und unter diesen zehn Problemen sind ganz große Probleme, mittlere Probleme und ganz kleine Probleme. Dann stellen Sie sich jedes Problem vor, eingepackt als Geschenk. Wunderbar glitzerndes Papier, jedes in einer anderen Farbe, immer mit einem schönen Schleifchen darum. Und dann öffnen Sie die Pakete je nach Lust und Laune und Kraft. Wie viel Kraft haben Sie? Haben Sie Kraft für ein Megaproblem, das Sie jetzt lösen? Oder ist die Kraft nicht so groß, dann nehmen Sie sich ein kleines Problemchen, das kleinste Problem, das Sie haben, und lösen das dann, und zwar ohne daran zu denken, dass die anderen neun auch noch gelöst werden müssen. Sondern nehmen Sie das kleine Problemchen, lösen Sie das kleine Problemchen und dann machen Sie meinetwegen eine Woche Pause und widmen sich dann dem nächsten Problem.« Dieses Bild war einfach herrlich. Ich dachte: »Ey, wenn du 5.000 Probleme hast, dann brauchst du vielleicht zehn Jahre dafür, um die alle zu lösen, aber es geht, Stück für Stück.« Probleme würden ja nicht so endlos nerven, wenn es nicht so endlos schwierig wäre, sie zu lösen. Also musste ich mir dafür einfach Zeit geben. Und das habe ich dann gemacht. Ich habe mir erst mal die Familie vorgenommen. Die Beziehungen zu den Kindern zu verbessern, Vertrauen aufzubauen. Präsenz zu zeigen. Kleinen Kindern kannst du nicht sagen: »Es wird alles wieder gut, Papa ist in der Depressionsklinik und nach acht Wochen scheint ihm die Sonne aus dem Arsch«, das verstehen Kinder nicht, das ist viel zu abstrakt. Und ich habe in der Klinik gelernt, dass Präsenz das Wichtigste ist. Wenn du deinen Kindern zeigst, dass du wieder da bist, dass du wieder zuhören kannst, wenn du mit den Kindern wieder anfängst zu spielen, dass du dich für die Probleme der Kinder ehrlich interessierst, dann ist das eigentlich schon die halbe Miete.

Ich habe es in den acht Wochen natürlich nicht geschafft, alle meine privaten Probleme zu lösen, aber die meisten eben schon. Und mir war ja auch klar, dass ich die Klinik natürlich nicht als komplett geheilt verlassen würde. Wenn du eine schwere Depression hast, kann die Zeit in der Klinik deine Schmerzen lindern, aber sie kann dich nicht heilen. Ich habe das immer verglichen mit einer großen Wunde. Wenn du dich stark verletzt hast, eine stark blutende Wunde, dann kommst du ins Krankenhaus, die Wunde wird desinfiziert und genäht und das wird alles steril gemacht, du kriegst ein Pflaster oder einen Verband. Das heißt aber noch lange nicht, dass du zehn Minuten später an einem Marathon teilnehmen kannst, denn die Wunde muss erst heilen. Und für mich war die Klinik der Ort und die Zeit, in der die größte Wunde versorgt wurde. Sie hörte auf zu bluten, tat nicht mehr weh. Und als ich die Klinik verlassen habe, habe ich das gemerkt. Es hat sich wirklich genau so angefühlt. Nach der Klinik ging es erst richtig los. Du befindest dich in einem Zwischenstadium, hast aus der Depression rausgefunden, bist aber immer noch ein angeschossenes Reh. Du bist wackelig, du bist verschüchtert, du bist ängstlich. Da ist natürlich immer die Angst – ob das alles wieder von vorne losgehen könnte? Ob man zusammenklappen könnte? Wie ist die Welt da draußen? Akzeptiert die mich so, wie ich bin? Fasse ich wieder Fuß? Fange ich vielleicht wieder an zu arbeiten und denke irgendwann: »Ey, völlig falscher Beruf«? Musste ich meinen Beruf an den Nagel hängen? Das war die größte Angst in der Klinik, wenn es um die Türen ging, die verriegelt waren. Ich hatte Angst davor, dass man irgendwann zu dem Entschluss kommt, dass mich mein Beruf kaputtmachte, dass ich irgendwann daran sterben würde, wenn ich so weitermachen würde. Ich hatte Angst davor, dass mir der Beruf weggenommen würde, dass jemand sagen könnte: »Wenn Sie gesund bleiben wollen, dann hören Sie damit auf.«

In der Einzeltherapie waren wir bis zu meinem elften Lebensjahr zurückgegangen. Wir waren zu Besuch bei meiner Oma gewesen. Ich erinnere mich klar und deutlich daran, dass mich meine Oma gefragt hatte: »Alexander, was ist denn mit dir los? Du bist ja so blass.« In diesem Moment hatte ich daran gedacht, wie alleine ich mich fühlen würde, wenn meine Eltern tot wären. Ich hatte ein Bild im Kopf, sah mich selber aus dem Fenster eines Berliner Altbauhauses schauen. Das Haus hatte sechs Stockwerke und ich befand mich genau in der Mitte, guckte aus dem Fenster, die Ellenbogen aufgestützt auf dem Fensterbrett. Wie in einem Spielfilm sah man erst groß mein Gesicht und dann zoomte die Kamera raus und man sah das Fenster, man sah die anderen Stockwerke, irgendwann sah man das gesamte Haus und es stand nur das eine, mein Fenster offen. Ich habe mir vorgestellt, wenn da Leute am Haus vorbeilaufen würden, dann würden sie nur einen kleinen Jungen sehen, der aus dem Fenster sah, und keiner würde denken, dass dieser kleine Junge völlig alleine war, weil seine Eltern tot waren. Und in dieses Bild, in diese Vorstellung habe ich mich dermaßen reingebohrt, dass ich Todesangst hatte. Ich war blass, ich konnte nicht mehr sprechen, ich war wie gelähmt. Deswegen hatte ich irgendwann mal gesagt, dass ich wohl seit dreißig Jahren an Depressionen litt. Weiter zurückgegangen bin ich in meiner Vita nicht, denn dieses Bild als Elfjähriger, der verlassen ist von seinen Eltern, weil sie gestorben waren, war sehr stark. Ich weiß nicht, ob ich diese Bilder öfter im Kopf hatte, ob das sogar der erste depressive Schub war, ich kann mich nur rückblickend daran erinnern, dass ich ein sehr ängstliches Kind war, was an meinem cholerischen Vater lag, der zu Gewalt neigte. Uns Kinder ist er nie körperlich angegangen, aber mein Vater war ein Schlägertyp. Mein Vater war liebend gern in Kneipen. Er hat sich dort betrunken und ist, glaube ich, nur mit einem Ziel in diese Kneipe reingegangen: sich zu prügeln. Mein Vater hatte den schwarzen Gurt in Karate und war gut durchtrainiert, war sehr stark und hatte eigentlich kaum Gegner, die ihm kräftetechnisch das Wasser reichen konnten. Wenn er sich geprügelt hat, dann waren das keine Ohrfeigen oder ein Schlag ins Gesicht, sondern bei meinem Vater war das eigentlich immer so, dass sein Gegenüber krankenhausreif geschlagen wurde, dass jemand ohnmächtig auf dem Boden lag, manchmal hat er die Person auch noch aus der Kneipe rausgezogen und auf die Straße geschmissen. Mein Vater hat mir das oft erzählt. Rückblickend natürlich der absolute Horror, wenn dir dein Vater erzählt, wie er andere Männer zusammengeschlagen hat und wie schön das war, als der Krankenwagen kam und er ja offensichtlich gewonnen hatte, weil sein Gegenüber k. o. war. Ohnmächtig. Mein Vater hatte mir auch mal erklärt: »Wenn jemand vor dir steht, der sich mit dir prügeln möchte, und der zieht z. B. seine Jacke aus, muss man genau den Moment abpassen und ihm so oft ins Gesicht schlagen, bis er ohnmächtig ist.« Wenn ich heute Kindern gegenüber solche Aussagen tätigen würde, käme ich zehn Jahre ins Gefängnis. Bei meinem Vater war das gang und gäbe. Das durchzog meine gesamte Kindheit, andauernd dieses Leutefertigmachen, auch meine Mutter, die er dann ins Wohnzimmer zitierte, dabei sah er mich an, und fast wie ein Moderator sagte er: »Jetzt machen wir deine Mutter rund.« Und dann hat er meine Mutter verbal so fertiggemacht, dass sie weinen musste. Ich habe mitgeweint und bin aus dem Wohnzimmer gerannt. Da dachte mein Vater sicher, ich sei ein Schwächling. »Wer weint, ist ein schwacher Mensch, aus dem nichts wird.« Das hat mein Vater mir meine gesamte Kindheit über gepredigt. »Aus dir wird nichts. Du landest in der Gosse, du landest unter der Brücke und du musst eigentlich gar nicht mehr in die Schule gehen, aus dir wird sowieso nichts.« Das hat sich bis heute in meinem Kopf manifestiert, sodass ich noch immer das Gefühl habe, ich sei kein guter Vater. Weil ich schlecht bin. Weil aus mir nichts wird. Ich brauche dann immer lange Zeit, bis ich mich wieder fange und denke: »Ey, Diggi, du wirst jetzt 47 Jahre alt, ich glaube, du machst das ganz gut.«

Wir haben darüber auch in der Klinik viel gesprochen, dass ich heute noch unter der cholerischen, fast schon psychopathischen Art meines Vaters leide. Mein Vater liebte es, Menschen fertigzumachen. Die wenigen Feste, die wir zu Hause gefeiert haben, endeten immer gleich. Mein Vater hat den Besuch fertiggemacht, bis wirklich jeder aufgestanden und gegangen ist. Der Alkohol förderte natürlich diese aggressive Art meines Vaters. Mein Vater war nur dann glücklich, wenn er ganz alleine im

Wohnzimmer saß, alle fertiggemacht hatte und alle Verbliebenen um ihn herum weinten. Aber trotzdem war da Liebe, bis zum Schluss. Ich habe mich bis zum Schluss mit meiner Schwester zusammen um meinen Vater gekümmert, der mehr und mehr getrunken hat, mehr und mehr verwahrlost ist, zum Messie geworden ist. Er hat unzählige Male den Kontakt zu uns abgebrochen, ist einfach nicht mehr ans Telefon gegangen. Wenn man bei ihm an der Tür geklingelt hat, hat er nicht aufgemacht, hat so getan, als sei er nicht zu Hause. Und ich habe mir dann Sorgen gemacht und hatte ein schlechtes Gewissen, denn mir ging es finanziell zu der Zeit schon sehr gut. Es wäre kein Problem gewesen, meinen Vater zu mir zu nehmen. Es wäre auch kein Problem gewesen, ihm eine neue Wohnung zu besorgen, eine Putzfrau zu engagieren, ihn an die Hand zu nehmen, zu gucken, dass er sich pflegt, dass er zum Friseur geht, dass er frische Klamotten hat. Das wollte er aber nicht. Und daraufhin hat er den Kontakt abgebrochen. Teilweise wussten meine Schwester und ich jahrelang nicht, ob er noch lebte. Irgendwann war er dann tot, mit 69. Er war auf der Straße zusammengebrochen, Herzinfarkt. Er hatte drei Promille im Blut. Natürlich habe ich bitterlich geweint, weil mein Vater tot war, aber ich war auch froh. Als wir bei der Beerdigung waren, als wir an seinem Grab standen, dachte ich: »Mein Gott, wie traurig und wie schön, aber jetzt weiß ich endlich immer, wo mein Vater ist, und muss ihn nicht mehr suchen.«

Mein Vater war für mich jahrelang ein Negativbeispiel. Seinetwegen habe ich auch aufgehört zu trinken. Ich habe den Entzug gemacht, weil ich befürchtete, irgendwann so viel zu trinken wie mein Vater, dem man richtig ansah, wie der Alkohol ihn komplett kaputtgemacht hatte. Nach der Scheidung von meiner Mutter kam keine Frau mehr in sein Leben, bis auf eine kurze Geschichte. Zum Schluss waren auch keine Freunde mehr da. Saufkumpanen vielleicht, mit denen er sich am Imbiss getroffen und ins Delirium gesoffen hat. Wenn ich in der Klinik darüber sprach, dass ich nicht so enden wollte wie mein Vater, haben alle Therapeuten gesagt: »Herr Bojcan, Sie haben Ihren Vater schon längst überholt.« Das stimmte. Ich habe vier Kinder, ich habe ein Haus, die Karriere läuft. Irgendwie sieht es auch so aus, als wenn das so bleiben würde, dass ich meine Kinder und mich über Wasser halten kann, dass ich meine Kinder sorgenfrei erziehen kann. Das waren traurige Tage, an denen ich in der Klinik über meinen Vater sprach. Über diese ganze verkappte Familie, die nicht in der Lage war zu lieben, sich gegenseitig zu umarmen. Man ging nicht ans Telefon, da könnte ja jemand fragen, ob er vorbeikommen könnte. Dieses »Wir sind eine Familie, wir halten zusammen« – das gab es bei uns nicht. Mehrgenerationenhäuser, in denen unten die Oma wohnt und jeden Tag für zwanzig Leute kocht. Familien, in denen man Liebe und Zusammenhalt erfährt, in denen man einfach eine Burg hat – das fand ich schön. Schon damals, als ich zwölf oder dreizehn war, habe ich das bei meinen arabischen und türkischen Freunden gesehen, wie so was gehen kann. Im Wedding und später dann in Kreuzberg/Neukölln. Ich fand diese Großfamilien toll, wollte gern auch so etwas haben. Deshalb habe ich mir damals auch dieses Haus gekauft. Deshalb habe ich damals gesagt, ich möchte gerne, dass meine Mutter mit da wohnt. Ich wollte diesen Traum auch leben – Großfamilie. Eine südländische Großfamilie. Clanchef Alexander Bojcan. Die Hand schützend über alle. Mit der Mission bin ich aber komplett auf den Arsch gefallen. Das schaffe ich vielleicht mit meiner kleinen Familie, mit meinen vier Kindern, mit meinen Freunden. Aber meine ganze Familie zu vereinen, das schaffe ich nicht. Ist mir auch zu viel Kraftaufwand. Ich möchte gerne die Kraft, die ich zurückgewonnen habe, in die Erziehung meiner Kinder stecken. Und das sieht auch ganz gut aus, jetzt wo die Depression nicht mehr da ist. Ich merke, wie gut mir das tut, mich um die Kinder zu kümmern, um meinen Freundeskreis, um den ich mich jahrelang nicht kümmern konnte. Und ich bin jedem einzelnen Freund und jeder Freundin dankbar, dass sie mir alle so lange die Stange gehalten haben. Denn wenn ich irgendjemanden anrufe, auch wenn ich mich Jahre nicht gemeldet habe, dann gehen meine Freunde trotzdem noch fröhlich ans Telefon und sagen: »Hey, Alex, was geht?«

»Chez Krömer«, Staffel 3 stand an. In der Klinik hatten die Therapeuten ein bisschen Sorge, dass mich die Drehs zu sehr aufrütteln könnten. Oder dass ich daran zerbreche, einen Nervenzusammenbruch erleiden, ohnmächtig werden, Panikattacken kriegen könnte, dass mich die Depression wieder packen und tief ins Loch ziehen würde. Der Plan war ja gewesen: vier Wochen Klinik, dann »Chez Krömer« drehen, dann weitere vier Wochen Klinik. Mein Produzent Friedrich Küppersbusch war der Einzige, der eingeweiht war, weil wir uns zur Vorbereitung auf eine Staffel in der Spitze drei- bis viermal pro

Woche trafen, um über die jeweiligen Gäste zu sprechen und uns Fragen auszudenken und einen Fahrplan, wie wir mit Gast XY umgehen wollten. Das ging ja zu der Zeit nicht, deswegen war Friedrich von vornherein eingeweiht. Ich hatte aber auch keinen Bock auf dieses Versteckspiel. Das war ein sehr schönes Gespräch mit Friedrich damals. Eigentlich habe ich mich da zum ersten Mal »der Szene« geöffnet. Das tat mir gut. Ich hatte so große Angst vor Verurteilung gehabt, aber die gab es gar nicht. Im Gegenteil. Er hat ganz oft von Dankbarkeit gesprochen. Dass er mir dankbar war, dass ich offen und ehrlich zu ihm war, dankbar, dass er derjenige ist, dem ich mich anvertraute.

Mir ist in der Klinik erst klar geworden, dass »Chez Krömer« ein absolut depressives Format ist. Ich musste echt einen depressiven Tag gehabt haben, als ich mir das ausgedacht hatte. Ist ja fürchterlich. Welcher nicht-depressive Mensch kommt auf die Idee, eine Fernsehsendung zu machen, in die man sich nur Leute einlädt, die man nicht leiden kann. Bei Erika Steinbach oder Frauke Petry kann man ja sogar von Verachtung reden. Ich lade Menschen ein, die ich verachte. Stellt euch mal vor, ihr macht eine Party und euch ist ganz wichtig, dass ihr nur Leute einladet, die ihr nicht leiden könnt. Die ganze Hütte ist voll mit verachtenswerten Menschen, dazu läuft traurige Musik und man sieht zu, dass man sich streitet, bis der letzte Gast gegangen ist. Bisschen wie damals bei den Familienfesten, wenn mein Vater Gäste geladen hatte. Da habe ich lange drüber nachgedacht, ob ich »Chez Krömer« wirklich in einem depressiven Moment erschaffen hatte.

Was sollte ich denn mit dem Format anfangen, wenn die Depression nicht mehr da war? Eigentlich hätte ich aufhören müssen. Eigentlich hätte ich nach der Klinikzeit sagen müssen, das war es jetzt, »Chez Krömer« gibt es nicht mehr, ich möchte jetzt nur noch fröhliche Sachen machen, ich möchte Schlager singen und mit meinem neuen Solo-Programm »Nur die Liebe lässt uns leben« auf Tournee gehen. Das ist natürlich Quatsch, ich würde die Sendung dann einfach modifizieren, man verändert sich ja auch. Ich habe mich ja als Künstler verändert.

Mein Erweckungsmoment bei »Chez Krömer«, der Moment, in dem das Ruder komplett rumgerissen und das Schiff in eine ganz andere Richtung gelenkt wurde, war der Tag, an dem Teddy da war. Teddy, der großartige Teddy Teclebrhan, der lustige Teddy, mein Freund Teddy, den ich über alle Maßen liebe, weil er sehr, sehr lustig ist, unangestrengt lustig, er hat funny bones, Mutterwitz. Wenn du mit Teddy irgendwo eine Tasse Kaffee trinken gehst, dann kannst du davon ausgehen, dass du des Öfteren sehr laut lachen musst. Aber auf der anderen Seite schätze ich Teddy auch sehr, weil er deep sein kann. Du kannst dich mit ihm über tragische Geschehnisse oder über traurige Momente unterhalten. Du kannst wunderbar mit ihm hin und her switchen. Und mir war schon klar, wenn ich Teddy einlade, dann wäre das natürlich total billig gewesen, wenn sich da zwei Komiker treffen und ein Battle hinlegen. Wer ist lustiger? Finde ich total bescheuert. Ich finde das sowieso bescheuert, wenn es um Komik geht und man tritt in einen Wettstreit. Komik ist für mich wie Musik. Wenn der eine Schlager mag und der andere Death Metal, dann muss man sich nicht unterhalten. Klar findet der Death-Metal-Fan Schlager scheiße und umgekehrt. Dann soll jeder seinen Scheiß hören und gut ist. Ich wollte bei Teddy gucken, inwieweit ich den Bogen überspannen kann. Und mir war das Thema Rassismus wichtig. Wie sieht er das? Verschweigt er das oder schluckt er das oder äußert er sich dazu? Im Nachhinein betrachtet war das eines der schönsten Gespräche, die ich bei »Chez Krömer«, ich würde sogar sagen, die ich in meiner gesamten Karriere als Talkshowmaster geführt habe. Das ist mir sehr nahegegangen. Und ich war ja ohnehin offen, ich war ja komplett auf. Ich war ja vier Wochen in Watte gebettet gewesen, total emotional, empathisch. Ich hätte am liebsten die Welt umarmt. Ich hatte auch keinen Bock auf Böses, deshalb ist mir Boris Palmer auch so durchgerutscht, weil ich dachte: »Du gehst mir doch am Arsch vorbei. Ich stell jetzt hier meine Fragen und dann gehe ich nach Hause oder ich gehe zum Italiener und pfeif mir noch 'ne Pasta rein.« Ich war einfach nur froh, dass das Scheißinterview mit Palmer nach dreißig Minuten vorbei war. Diese Sendung habe ich wirklich bestritten wie ein Beamter: »Wie lange muss ich machen? Dreißig Minuten? Ich mache exakt dreißig Minuten und reite vom Hof.«

Aber das Gespräch mit Teddy hat schon die Richtung für die Zukunft vorgegeben, ich hatte Bock auf gute Gespräche. In der Presse stand: »Kurt Krömer ist es mittlerweile schon scheißegal, ob das Gespräch lustig oder ernsthaft wird.« Das fand ich sehr gut. Genauso läuft der Hase in Zukunft. Entweder wird das Gespräch ernsthaft oder es wird albern und lustig oder es wird nur lustig und nicht ernsthaft, scheißegal. So wie das Leben auch ist.

Das Leben ist nicht immer nur lustig, aber das Leben ist auch nicht immer nur scheiße.

Ich hatte die »Krömer Late Night Show« in der ARD beendet, weil ich künstlerisch gesehen an eine Grenze gestoßen war, ich wollte damals ständig die Sendung modifizieren, hatte vorgeschlagen, jedes Jahr, mit jeder Staffel ein neues Genre zu bedienen. Einmal Talkshow, einmal Serie, einmal Science-Fiction-Serie. Jedes Genre mal durchnudeln. Immer wieder von vorne anfangen, keine Sicherheit. Ich wollte nicht sagen: »Hat letztes Jahr schon funktioniert, lass es uns dieses Jahr wieder genauso machen.« Ich war künstlerisch unterzuckert. Außerdem war das die Zeit, als meine Kinder zu mir gezogen sind. Ich wollte einfach kein Fernsehen mehr machen. Ich wollte einfach ein Jahr lang gar nichts machen und mich um meine Kinder kümmern. Und das tat ich. Als die ersten acht, neun Monate von diesem Sabbatjahr vorbei waren, musste ich herzlich lachen, weil du natürlich in acht, neun Monaten überhaupt nichts reißen kannst. In acht, neun Monaten kriegst du es nicht hin, mit vier Kindern alles so geradezubiegen, dass die alle vergessen, dass sich die Eltern haben scheiden lassen und sie Trennungskinder sind und dass es Gezeter gab, dass es Streit gab zwischen den Eltern. Diese kleinen, traumatisierten Seelchen. Das war eine absolute Witznummer, zu denken, ich könnte das in so kurzer Zeit wieder hinbiegen. Ich hätte fünf Jahre lang freimachen müssen und dann hätte ich es vielleicht gerade so hinbekommen.

Jedenfalls passte das ganz gut, dass ich künstlerisch an Grenzen gestoßen war, dass die Kinder mich brauchten und ich sagen konnte: »Passt mal auf, ich hau in' Sack, ich habe jetzt erst mal keine Lust mehr.« Meine Kunst ist eigentlich ein Abenteuerspielplatz für Erwachsene. Ich möchte testen, ich möchte spielen. Das war nicht immer kompatibel mit dem deutschen Fernsehen. Als ich damals in der ARD nach der »Harald Schmidt Show« lief, hat Harald Schmidt mich einmal mit folgenden Worten anmoderiert: »Jetzt kommt Kurt Krömer, dem können Sie beim Proben zugucken.« Das passt heute noch wie Arsch auf Eimer, es ist einfach so. Die Kunst besteht bei mir immer aus Testen. Wenn ich etwas gut kann, mache ich es. Wenn ich etwas nicht gut kann, mach ich es auch. Das Einzige, was ich in meinem Leben nicht ausprobieren werde, ist Vortänzer an der Staatsoper Berlin zu werden. Schwanensee kann ich nicht, will ich auch nicht ausprobieren. Ich höre die Leute jetzt schon lachen.

Für »Krömer Late Night« war ich in Afghanistan, weil die Bundeswehr mich angefragt hatte für die Truppenbetreuung – und ich war Totalverweigerer. Unglücklicherweise war ich nach dem Mauerfall sechzehn Jahre alt und das hieß, dass die Berlin-Regel nicht mehr galt. Alle Leute, die in Berlin lebten, mussten damals nicht zur Bundeswehr. Jeder, der in Berlin angemeldet war, war freigestellt. Und gefuchst wie sie bei der Bundeswehr waren, haben sie sich danach gedacht: »So, jetzt sind die Berliner dran, die Schweine, die ziehen wir jetzt alle ein.« Das haben sie dann auch sehr akribisch gemacht, dass ihnen da bloß keiner durchs Netz ging. Ich hatte Angst, denn als ich den Musterungsbefehl bekam, hatte ich schon angefangen Theater zu spielen in Berlin, in Laiengruppen. Ich hatte Workshops bei der Volkshochschule besucht. Mein Plan, Schauspieler zu werden oder am Theater zu landen, durfte nicht durchkreuzt werden, weil ich zwölf Monate zur Bundeswehr oder fünfzehn Monate Zivildienst ableisten musste. Vor der Drecksarbeit hatte ich keine Angst, ich habe zu dieser Zeit in der Dialyse als Tellerwäscher gearbeitet, habe auf 580-Mark-Basis Grundschulen geputzt – also Scheißjobs war ich gewöhnt. Mir ging es wirklich darum, dass ich niemals zur Bundeswehr gehen und auch nicht dafür bestraft werden wollte, das nicht zu wollen. Ich ging dann zu Kriegsdienstverweigerer e.V., der lustigerweise direkt über dem Mehringhoftheater war, in dem ich Jahre später große Erfolge mit meinem Soloprogramm »Na, du alte Kackbratze« feiern sollte. Einer von den Kriegsdienstverweigerern hat gesagt: »Okay, Sie haben jetzt einen Musterungsbefehl, dann schreiben Sie mal hin, Ihre Oma in Bremerhaven wird 85, Sie können leider nicht kommen.« Das habe ich genau so gemacht. Vier Wochen später wurde mir ein neuer Termin angeboten. Dann habe ich geschrieben: »Meine Oma in Bremerhaven, die 85-Jährige, die ist gestorben, ich muss zur Beerdigung.« Und so ging es ewig weiter, über Jahre. Irgendwann bin ich sogar untergetaucht und keiner wusste, wo ich bin, und erst als mir die Zähne ausgefallen sind und ich echt barbarische Schmerzen hatte – ich war ja nicht krankenversichert –, bin ich ins Rathaus Schöneberg gegangen, zum Amt. Vor mir saß eine Mutti, sie guckte in ihren Computer, mich dann ganz böse an und sagte: »Sie wissen, dass Sie von der Bundeswehr gesucht werden?« Und ich, völlig schweißgebadet: »Ja, ja, ist mir schon klar, deswegen bin ich hier, ich würde mich gerne zurückmelden.« Und sie guckte mich noch strenger an, schaute mir ganz lang in die Augen und sagte: »Sie wissen, dass das mit einer Strafe verbunden ist?« Und mir sind alle möglichen Gedanken durch den Kopf geschossen. Von lebenslänglich, vielleicht mit Sicherungsverwahrung in der Geschlossenen, oder dass ich auf dem Hinterhof im Rathaus Schöneberg erschossen würde. Ich hatte sehr krasse Vorstellungen von dem Begriff »Strafe«. Sie rechnete etwas aus und sagte dann nach einer längeren Pause: »Das kostet Sie vierzig Mark.« Und innerlich bin ich vor Lachen zusammengebrochen. »Wollen Sie in bar zahlen oder überweisen?« Ich hatte zweiundvierzig Mark in der Tasche, habe die vierzig Mark auf den Tisch gehauen und gesagt: »Ich zahle meine Schulden immer bar.« Ich war wieder einer von allen. Die Vogelfreiheit war beendet. Dann hatte ich noch zwei Mark in der Tasche und dann bin ich erst mal zum Kiosk – es war zwölf Uhr mittags – und hab mir schön ein Sternburg Pils geholt, mich in den Park gesetzt und das Bier weggeknallt.

Jedenfalls ließen die Jungs von der Bundeswehr nicht locker, die wollten wirklich unbedingt, dass ich nach Afghanistan flog. »Ihr wisst doch, dass ich Kriegsdienstverweigerer bin, das muss doch in meiner Akte stehen. Warum soll ich denn nach Afghanistan kommen und für deutsche Soldaten Truppenbetreuung machen?«, fragte ich sie. Das war denen egal. Wir haben dann also in Afghanistan für die Show gedreht. Meine Intention war einfach: »Geh doch mal ins Kriegsgebiet und guck mal, wo da gelacht wird.« Ich wusste, egal, wie beschissen die Situation ist, irgendwo wird immer gelacht. Gerade da, wo es scheiße läuft, wird viel gelacht, weil du es mit Lachen schaffst, nicht völlig durchzudrehen. Humor hilft. Jedenfalls habe ich diese kleinen Einspielfilmchen aus Afghanistan in die »Krömer Late Night Show« eingestreut und das hat wirklich keiner verstanden.

Und jetzt kommt die große Auflösung, weshalb ich das alles überhaupt erzähle. Bei dem Gespräch mit Teddy hatte ich das Gefühl, dass ich an diese Zeit der »Krömer Late Night Show« anschließe. Die Leute hatten das damals nicht verstanden, es war zu früh gewesen. Keiner hat gerafft, warum ein Komiker im Kriegsgebiet ist. Das war doch eine todtraurige Geschichte, dort starben Menschen, Terrorismus, IS, Sprengstoffattentäter – grausame Themen. In dem Gespräch mit Teddy habe ich gemerkt, dass ich das heute noch mal so machen würde, noch mal nach Afghanistan gehen, darüber sprechen und von der Tragik irgendwann in die Fröhlichkeit switchen würde. Immer hin und her zwischen todtraurig und absolut lustig. Auch wenn »Chez Krömer« ein depressives Format sein sollte, zeige ich auch hier der Depression wieder den Stinkefinger. Nur weil ich mir das Format in einem depressiven Moment ausgedacht hatte, hieß das noch lange nicht, dass ich das Ding jetzt in die Tonne kloppen musste, dann würde das halt modifiziert. Man kann fast davon sprechen, dass die Depression mir ein Geschenk gemacht hatte, nämlich die Erkenntnis, dass man als Komiker selbstverständlich über tragische Sachen sprechen konnte. Über traurige Sachen, über unfassbare Sachen, über Rassismus, über Flüchtlinge, die hier nicht willkommen sind, über Menschen, die Angst haben vor Menschen, die aus Syrien kommen, die eigentlich für ihre

Familie, für ihre Kinder nur einen sicheren Ort finden wollen und trotzdem hier nicht erwünscht sind. Solche Themen, auch wenn ich Komiker bin, immer wieder anzusprechen, immer wieder deutlich zu machen, das nicht runterzuschlucken, sich nicht wegzudrehen, das ist meine Aufgabe. Denn das ist etwas, was mich auch privat sehr umtreibt. Etwas, was mich traurig macht. Und warum nicht meine popelige Prominenz dazu nutzen, anderen Leuten davon zu erzählen? Mein größter Wunsch ist, dass ich Leute, die gegen Flüchtlinge sind, auf meine Seite ziehe, indem ich einfach sage: »Ey, wenn du mal richtig drüber nachdenkst, ist das völlig bekloppt, weil wir alle gleich sind.«

Meine große Angst war völlig unberechtigt. Ich hatte befürchtet, wenn ich nicht mehr depressiv sei, dann wäre ich vielleicht auch nicht mehr kritisch, nicht mehr politisch, weil ich zu einem Esoteriker werden könnte, der den ganzen Tag an Steinen lutscht oder der sich nach der Mondphase ausrichtet, der abdriftet. Der Horror wäre für mich gewesen, zu einem Typen zu werden, der in schwierigen Situationen sagt: »Oh, das ist mir jetzt zu viel, ist mir alles zu böse, zu viel negative Energie, ich stehe auf der Sonnenseite, ich möchte mit Problemen nichts zu tun haben.« Wenn ich zu so einem Typen mutiert wäre, hätte ich mir mit voller Überzeugung mit einer Schrotflinte ins Gesicht geschossen.

Die Staffel »Chez Krömer«, die ich in der Klinikzeit aufgezeichnet habe, war sicherlich nicht die glorreichste, sicherlich nicht die beste, sicherlich nicht die witzigste, aber der Talk mit Teddy hat einiges wettgemacht, dafür hat sich die ganze Scheiße gelohnt. Nur für diese dreißig Minuten hat es sich gelohnt, einen Break hinzulegen, zwei Wochen Klinik zu pausieren, um mir selber zu beweisen: »Ey, du hast es noch drauf.«

Mein letzter Tag in der Klinik war auch zeitgleich mein 46. Geburtstag. Ich hatte diesem Geburtstag natürlich schon wochenlang entgegengefiebert. Ich fand das auch ehrlich gesagt ein bisschen geil, dass die Klinikzeit mit meinem Geburtstag endete. All meine Leutchen waren mir dermaßen ans Herz gewachsen, dass ich auch wirklich ein bisschen traurig war, aber ich freute mich auf die Verabschiedung, denn jeder, der die Klinik verließ, wurde von der gesamten Gruppe verabschiedet. Das war in der Achtsamkeitsstunde. Bei der geführten Meditation musste ich wieder weinen, weil es vorbei war, und ich wusste natürlich nicht, ob die Depression wiederkommen würde. Es wäre absolut depressiv zu sagen: »Ja, es kommt bestimmt wieder«, oder sich den ganzen Tag darüber Gedanken zu machen, ob die Depression schon wieder im Anmarsch sein könnte. Aber – und das war sehr schön – ich dachte nur: »Es ist doch jetzt scheißegal, ob irgendwas wiederkommt. Jetzt in diesem Moment ist sie nicht da. Und wenn sie wiederkommen sollte, dann kümmere ich mich darum. Aber erst, wenn es so weit ist.« Ich weiß, wo ich hingehen kann. Ich gehe dann zu meinem Psychiater, der wird mir wieder mein Antidepressivum verschreiben und nach zwei Wochen macht es dann »peng« und ich bin medikamentös wieder gut eingestellt. Parallel dazu macht man wieder eine Therapie, sollte die Depression richtig krass werden, geht man einfach wieder in die Klinik. Mir hilft das sehr, wenn ich jetzt schon weiß, was zu tun ist. Und das ist um ein Tausendfaches besser, als wenn man fünf Jahre erst mal mit einem Stock im Nebel rumstochert und überhaupt nicht weiß, was los ist. Jedenfalls hat sich ganz zum Schluss des Kliniktags die gesamte Truppe versammelt und die Therapeutin hatte ein ganz dünnes Lederarmband mit einer Holzperle dran, diese spezielle Holzsorte sollte Wünsche speichern. Ich hatte mich sieben Wochen lang wie ein Schneekönig darauf gefreut, dass ich diese Perle kriegen würde. Es gab für mich nichts Wichtigeres als diese kleine Holzperle, weil diese Holzperle signalisierte: Du hast es geschafft, du bist hier raus. Die Therapeutin hat das Armband dann reihum jedem Mitpatienten in die Hand gedrückt und dann hat jeder dem Patienten, der ging, etwas gewünscht. Das konnte er laut aussprechen, das konnte er aber auch still für sich in die Perle reinsprechen. Mir wünschten fast alle Gelassenheit, eine Sache, die ich früher überhaupt nicht kannte. Ich war nicht gelassen. Und dann war ich frei. Ich war Tage vorher schon gefragt worden, was ich mir eigentlich zu meinem Geburtstag wünschte. Und ich hatte gesagt: »Ich wünsche mir eigentlich gar nichts, ich wünsche mir einfach nur, dass ich diese Scheißdepression hinter mich gebracht habe und dass sie nicht mehr wiederkommt.«

Vor der Gruppentherapie sind die Mitpatienten rausgegangen, kamen wieder und jeder hatte ein Geschenk in der Hand. Alles Sachen, über die wir in der Gruppentherapie gesprochen hatten. Einer hat Zimtsterne gemacht, die ich über alles liebe. Ich hatte auch in der

Gruppe erzählt, dass ich mir jede Woche selber Blumen kaufe, die ich mir dann in die Küche stelle, und dann hat mir jemand Blumen mitgebracht. Auch die Geschichte von dem Papageienkuchen, den ich mit letzter Kraft für mein Kind zum Geburtstag gebacken hatte, hatte ich erzählt. Ich hatte dafür drei Tage gebraucht, dann war der Papageienkuchen fertig und ich war fix und alle. Ich hatte mich ganz oft im Schlafzimmer versteckt und habe geweint. Ich wusste nicht mehr, wie das funktionierte. Und dann habe ich mit letzter Kraft am Tag des Geburtstags meines Sohnes diesen Papageienkuchen auf den Tisch gestellt und der stand da zehn Minuten und dann bin ich in die Waschküche gegangen und kam wieder und der ganze Kuchen war kaputt. Da hatte irgendein Kind den kompletten Kuchen kaputt gemacht. Und dann bin ich zu meinen Kindern ins Wohnzimmer gegangen und habe gefragt: »Wer hat denn den Kuchen kaputt gemacht?« Das Geburtstagskind hat den Kuchen kaputt gemacht, weil irgendein anderes Kind gesagt hat: »Hahaha, ich geh jetzt in die Küche und mache den Kuchen kaputt.« Und dann hat es ihn selbst kaputt gemacht. Ich war verzweifelt, ich wusste nicht mehr, was ich sagen sollte, ich war todtraurig. Und ich bin wieder ins Schlafzimmer gegangen, habe wieder geweint. Ich habe die Welt nicht mehr verstanden. Ich fand das ganz schrecklich, das hat mir so wehgetan. Und in der Gruppentherapie habe ich verstanden: »Mein Gott, das ist doch nur ein Kack-Kuchen.« Das war die Depression, die dich da hat verzweifeln lassen. Meine Therapeutin fragte mich: »Meinen Sie, Herr Bojcan, dass Kinder einen perfekten Kuchen brauchen? Muss ein Kuchen für Kinder die perfekte Form haben? Ist das für Kinder nicht total geil, wenn man den Kindern sagt: ›Greift alle mit der Faust jetzt hier rein und esst den Kuchen‹? Denn der Kuchen schmeckt den Kindern ja. Aber die brauchen doch jetzt nicht mit einem scharfen Messer, das vorher vielleicht noch ein bisschen nass gemacht worden ist, ein perfekt geschnittenes Stück. Da gibt es halt geilen Kuchen. Papa hat den gemacht. Scheiß drauf, wie lange es gedauert hat, den Kuchen zu machen, der ist lecker.« Es hat lange gedauert, bis ich das verstanden habe. Und auch das hat ja mit Gelassenheit zu tun. Scheiß auf die Form eines Kuchens. Schmecken muss er. Schokoguss muss drauf sein und Smarties. Jedenfalls hat mir eine Mitpatientin zum letzten Tag dann so einen schönen Papageienkuchen gemacht. Und dann saß ich da im Stuhlkreis. Vor mir lauter Geschenke, Blumen, Kuchen, Zimtsterne. Und ich habe zu jedem Geschenk einen Kommentar abgelassen. Und zu jedem Kommentar wurde laut gelacht. Alle haben gelacht. Die Depressionsgruppe hat gelacht. Ich habe zum Schluss gesagt: »Leute, dass mir das nicht einreißt. Hier darf doch nicht gelacht werden!«

Ich hielt die ganze Zeit noch einen Zettel in der Hand, den ich in der Indikationsgruppe Depression von meinem Lieblingspsychiater bekommen hatte. »Vielleicht hilft der Spruch Ihnen weiter, Herr Bojcan«, hatte er zu mir gesagt. Auf dem Zettel stand: »Du darfst nicht alles glauben, was du denkst.« Ich habe den Spruch nicht auf Anhieb verstanden, aber heute hilft er mir immer dann weiter, wenn ich kurz davor stehe, Problemschrauben zu drehen. Das Zitat lautet im Original »Sie dürfen nicht alles glauben, was Sie denken« und stammt von Heinz

Erhardt, quasi ein Zeichen aus dem Jenseits von einem Kollegen. Danke Ihnen, lieber Herr Erhardt.

Als ich zum letzten Mal die Klinik verließ, wollte ich eigentlich noch ein bisschen spazieren gehen, aber ich hatte ja die ganzen Geschenke im Gepäck. Und dann dachte ich: »Nee, das ist super jetzt. Jetzt läufst du einfach rüber zum Taxistand und fährst nach Hause.« Ich hatte am 20. November 2020 Frühlingsgefühle. Ich habe das gar nicht realisiert, dass das ein Wintertag ist. Ich hatte Frühlingsgefühle. Ich hatte das Gefühl von Frühlingsanfang. Jetzt geht's los. Ich war im Winterschlaf gewesen und jetzt ging es los. Zum ersten Mal in meinem Leben hatte ich richtig Bock auf Frühling. Denn im Frühling, da geht es los, da beginnt alles zu wachsen, die Sträucher, die Bäume. Es wird wärmer. Wenn man sich auf die Erde legt, merkt man, dass die Erde sich aufwärmt. Alle werden aktiver, die Sonne scheint länger, es wird nicht so schnell dunkel wie im Winter. Und dieses Gefühl hatte ich im November. Mein Gefühl hat überhaupt nicht zur Jahreszeit gepasst. Normalerweise bin ich auch wirklich ein Weihnachtsfreak, ich liebe es, den Weihnachtsbaum zu kaufen und minimalistisch zu schmücken. Ich liebe es, dass man an Weihnachten und zwischen den Jahren nicht gestört wird, dass keiner anruft, dass keiner sagt: »Komm, lass mal ein Projekt starten.« Es ist einfach Stille. Die Kinder haben Ferien und sind da, man kann ausschlafen. Ich finde das die geilste Zeit des Jahres. Aber im Jahre 2020 hat mich die Weihnachtszeit zum ersten Mal genervt. Weil ich Frühling haben wollte.

Da stand ja auch noch der unheimlich kalte Januar bevor. Ich habe einen großen Garten und da gibt es eine Rasenfläche und eine von mir selbst angelegte Hecke aus Kirschlorbeer, aber das war's dann auch schon. In meinem Garten gibt es nicht eine einzige Blume. Das habe ich in den letzten acht Jahren nicht geschafft. Schon spürte ich wieder so einen Druck auf mir lasten, dass ich vor dem Frühling noch den Rasen vertikutieren und düngen sollte. Ich hatte tausend Pläne, was ich in diesem Garten machen wollte, und das schon seit vielen Jahren. Nun ist es ja so, dass ich einen unglaublich anstrengenden Beruf habe und alleinerziehender Vater bin, ich kann also gar nicht »Mr. Gärtner« werden. Warum nehme ich mir überhaupt so viel vor? Was soll das mit dem Scheiß Garten? Hast du eine Deadline, Krömer? Kommt »Schöner Wohnen« vorbei? Jedenfalls, um die Geschichte abzukürzen, ich habe im Jahre 2021 für mich dann entschieden: Es gibt keine Gartenarbeit. Es gibt vielleicht mal ein Gartenfest, mal Freunde einladen zum Grillen, aber es gibt jetzt hier nicht die Bundesgartenschau bei Kurt Krömer. Ich habe mir gesagt, 2021 machst du hier gar nichts im Garten, das kann dann 2022 meinetwegen ein Gärtner machen. Dann wird ein Gärtner engagiert und dann macht der das so, wie ich es mir vorstelle, und fertig ist die Laube. Ich werde mich in meinem Leben mit dem Haus nicht mehr auseinandersetzen. Ich werde mich bis zum Ende meines Lebens mit meinem fetten Arsch in die Hollywoodschaukel setzen und das, verfickte Scheiße, einfach nur genießen. Vielleicht habe ich Minderwertigkeitskomplexe, ich denke immer, ich müsste mehr arbeiten, ich müsste mit meinen Händen irgendetwas leisten, ich müsste etwas machen, was Bestand hat. Deine Mutter hat Bestand. Da bin ich sehr froh, den Zahn habe ich mir dann selber gezogen. Ich konzentriere mich auf das Gartenfest. Ich wollte eigentlich schon seit Jahren ein Gartenfest veranstalten, aber die Depression hat das nicht zugelassen. Immer, wenn ich kurz davor stand, kam die schwarze Wolke und ich habe alle wieder ausgeladen, weil ich so tief im Keller saß, im schwarzen Loch, dass mir das nicht möglich war. Und irgendwann habe ich mich geschämt. Also wenn du vier- oder fünfmal deinen gesamten Freundeskreis einlädst und dann absagst, traust du dich einfach nicht mehr alle einzuladen, weil dann eh alle denken: »Na, der sagt doch sowieso wieder ab.« Also: Scheiß auf den Garten. Wenn du genug Fleisch und Würstchen auf dem Grill hast, dann ist es kackegal, wie es aussieht.

Und dann war ich zu Hause. Der erste Tag zu Hause. Die Klinik war vorbei, die Beziehung war im Arsch. Das war eine unheimlich komische Zeit. Ich war traurig, habe aber auch realisiert, dass ich nicht mehr depressiv war. Und dann hatte ich eine Erkenntnis: Ich konnte Dinge separieren. Ich habe mir gesagt: »Das mit der Beziehung ist sehr traurig, aber jetzt mache ich gleich die Tür meines Hauses auf und sehe meine Kinder und freue mich riesig darüber. Ich muss lachen und nehme die alle in den Arm, drücke sie und küsse sie und sage: ›Papa is back.‹« Im depressiven Zustand hätte ich nur daran gedacht, dass diese Beziehung vorbei war, und ich hätte gar keine Möglichkeit gehabt, die Kinder in den Arm zu nehmen und zu sagen: »Ich liebe euch.« Und das war schon mal ein mordsmäßig großes Geschenk und natürlich habe ich unter der Trennung gelitten, ich habe mir große Vorwürfe gemacht. Diese Frau, mit der ich ein Jahr zusammen gewesen war, hatte mich eigentlich nur im kranken Zustand erlebt. Und das war dann schon irgendwie spooky. Ich glaube, es ist nicht einfach für Familienangehörige, mit einem Depressiven umzugehen oder zu lernen, mit einem Depressiven umzugehen. Ich hätte es auch verstanden, wenn sie während der Beziehung zu mir gesagt hätte: »Du, pass mal auf, kümmere dich mal um deinen Scheiß alleine.« Das wäre krass gewesen, aber auf der anderen Seite auch sehr ehrlich, weil man damit signalisiert: »Ich weiß nicht, was ich machen soll. Und ich habe auch große Angst, dass du mich mit in dieses Loch reinziehst und ich hier im Endeffekt auch noch depressiv werde.« Es war wie nach einer wüsten Alkoholfete, wenn man am nächsten Tag aufwacht und sich an nichts erinnern kann, aber im Laufe des Tages blitzen manchmal Dinge auf und man denkt: »Ich kann mich doch erinnern. Ich weiß noch, wie spät es war, ich weiß, dass ich auf der Treppe gefallen bin oder nackt auf dem Tisch getanzt habe.« Und so war das mit dieser Beziehung auch. Die Anfangsphase, das Verliebtsein war eigentlich geil. Das war herrlich. Also, ihr kennt das ja auch, rosarote Brille und das Gegenüber wird auf einen Sockel gehoben, das ist eine Heilige, das ist eine Göttin, das ist die Frau meines Lebens. Dieses Rumgockeln, um die Frau rumeiern, balzen und sich wieder benehmen wie ein Zwölfjähriger. Also das alles fand ich sehr geil. Das fand ich davor geil und das werde ich in Zukunft geil finden, einfach verknallt zu sein. Und das hat mir sicherlich auch geholfen in der depressiven Phase, denn das Verliebtsein war stärker als die eigentliche Depression. Die Depression war in dem verliebten Zustand nicht spürbar. Ich als Suchtmensch habe darauf reagiert wie auf eine Droge, ich wollte das behalten. Das hat mich betäubt, das hat mich glücklich gemacht, aber im Nachhinein habe ich gemerkt, dass es nicht echt war. Irgendwann, selbst bei der tollsten Frau der Welt, verschwindet diese rosarote Brille und das Verliebtsein geht in Beziehung über, dann sieht man die Macken. In beiden Richtungen. Im besten Fall akzeptierst du auch die Macken, im allerbesten Fall liebst du sie sogar, aber ich höre jetzt mal auf, das ist ja hier kein Liebesratgeber.

Die Möglichkeiten, die man hat, zu sehen, das hat mich fertiggemacht im positiven Sinne, das war total krass. Ich war komplett überfordert. Auf einmal war alles wieder möglich, Millionen von Sachen waren im Bereich des Denkbaren. Ich habe mich daran erinnert, als 1989 die Mauer gefallen ist und Leute aus dem Osten berichtet haben, dass sie das erste Mal im Westen waren, im Supermarkt standen und überfordert waren von diesen Farben, von diesen Millionen von Farben, von hunderttausend Produkten, die sie vorher noch nie gesehen hatten. Ich habe einmal gelesen, dass ein Mann im Supermarkt war und ihm schwindelig wurde, also er wirklich kurz davor stand, ohnmächtig zu werden, weil ihn das so geflasht hat, was da abging. Er musste sogar den Supermarkt verlassen und hat drei Tage Anlauf gebraucht, bis er da noch mal reingegangen ist und sich gesagt hat:

»So, du musst jetzt stark sein, es kann sein, dass dir wieder schwindelig wird, aber fall nicht hin. Also nimm dir Zeit, und versuch das alles in dich aufzusaugen, versuch das alles zu verstehen.« Und so ging's mir auch, als ich die Klinik verlassen habe. Am nächsten Tag bin ich in die Stadt gefahren und dachte, ich werde ohnmächtig, ich kipp gleich um, das ist mir zu viel. Aber: Es war alles positiv.

DIE GROSSE FEIER, DER GROSSE URLAUB

Und dann war Januar. Im Januar wollte ich eigentlich in den Urlaub fliegen. Ich wollte auch meinen 46. Geburtstag ganz groß feiern. Ich wollte Freunde einladen, ich wollte das machen, was ich seit acht Jahren nicht hinbekommen hatte, eine große Feier schmeißen. Irgendwann hat ein Kumpel zu mir gesagt: »Du kannst doch gar nicht feiern, ist doch Corona. Du darfst doch gar keinen einladen.« Und auch in diesem Moment habe ich wieder gemerkt, dass ich die Depression überwunden habe, weil ich mich sehr darüber gefreut habe, dass es in meinem Kopf überhaupt die Option gab, dass es überhaupt den Gedanken gab, dass ich feiern wollte. Ich war sehr glücklich. Für mich hatte die Feier quasi schon stattgefunden, die Gäste waren schon wieder nach Hause gegangen. War wunderbar, der schönste Tag in meinem Leben. Und das fand ich gut. Und so habe ich das auch gehandhabt mit meinem Urlaub im Januar. »Wirst du schon sehen«, dachte ich. Das ist ein sehr guter Spruch für einen Depressiven, schon was für Fortgeschrittene. Mach dir keinen Kopf, was in Zukunft vielleicht passieren könnte, sondern sag dir einfach: »Wirst du schon sehen.« Mehr kannst du doch nicht sagen, es sei denn, du bist Hellseher und hast eine Glaskugel zu Hause.

Im Dezember habe ich für Olli Schulz' Weihnachtskalender etwas eingesprochen. Wir haben uns da erst kennengelernt, als ich dafür zu ihm nach Hause kam. Das war ein schöner Nachmittag und er fing irgendwann an von einer Ayurveda-Kur zu schwärmen. »Lass uns eine Ayurveda-Kur machen.« Er hatte da ein Hotel irgendwo am Arsch der Heide, sollte sehr gut sein und ich hatte das schon alles geplant: Ich mache eine Ayurveda-Kur mit Olli Schulz und dann geht's mir beste! Bis dann seine Freundin sagte: »Ist doch Corona, ist doch alles zu.« Das war aber egal, denn das war das zweite Mal, dass ich etwas geplant hatte, das vor meinem geistigen Auge schon ablief. Ayurveda-Kur mit Olli Schulz. War die schönste Zeit in meinem Leben. Hat zwar nur für fünf Minuten in meinem Kopf stattgefunden, aber war doch geil. So, daraus ist auch nichts geworden. Und dann stand ja auch noch an, dass ich im Januar 2021 nach Ägypten fliegen sollte, weil da die Handball-WM stattfand. Alles war mit Kretzsche abgesprochen, ist dann aber im Sande verlaufen, weil Corona war. In dem Fall habe ich mich schon ein bisschen geärgert, denn das hatte ich mir schon geil vorgestellt. Ich wäre allein nach Ägypten geflogen, aber hätte eben die Handballnationalmannschaft und Kretzsche da gehabt. Ich hätte da Highlife in Tüten veranstalten können. Scheißegal. Irgendwann war der Januar auch vorbei. Es war Anfang Februar.

DIE MANIKÜRE UND ICH

Das Problem bei Depressiven besteht immer darin, dass die ganze Welt eigentlich nur noch aus Problemen besteht. Man hat Hunderte von Problemen. Man steht vor einem großen Berg aus Problemen. Und ich habe mir das schön bequem gemacht in meinem Gartenstuhl und habe mir vorm Haus den großen Haufen Probleme angeguckt, und ich habe überlegt und gegrübelt, wie ich alle meine Probleme sofort lösen könnte. Und das war eigentlich das Hauptproblem. Du kannst nicht hundert Probleme an einem Tag lösen, sondern du kannst vielleicht, wenn es hochkommt, an hundert Tagen jeweils ein Problem lösen. Das hatte ich nach der Klinik gut im Griff, dass ich alle meine Probleme – zwischenmenschliche Probleme, berufliche Probleme, Probleme mit dem Management – angegangen bin. Ich musste das erst lernen: Wie gestalte ich meinen Tag, wann mache ich etwas Berufliches, wann treffe ich mich mit Freunden, wann mache ich etwas ganz alleine. Achtsam sein sich selbst gegenüber, mir etwas Gutes tun. Ich musste auch lernen, dass es mir zusteht, dass ich etwas nur für mich mache. Ich habe dann die Welt der Maniküre für mich entdeckt. Ich gehe einmal in der Woche zur Maniküre und lasse mir einfach die Nägel schön machen. Kostet vierzehn Euro, ist nicht die Welt, kann man mal machen. Und man geht mit wunderschönen, gefeilten Nägeln aus dem Nagelstudio, hat was für sich getan, geht danach vielleicht noch schön essen, trifft sich mit Freunden und hat einfach eine schöne Zeit. Das habe ich gelernt.

PROBLEME, PROBLEME

Irgendwann im Frühling 2021 habe ich gemerkt, dass meine Probleme im Großen und Ganzen gelöst waren. Ich habe auch gemerkt, dass ich wirklich viele Probleme gehabt hatte, die ich aufgrund der Depression nicht hatte lösen können. Das familiäre Zusammensein zum Beispiel. Wenn du depressiv bist und den ganzen Tag nur versuchst zu funktionieren, wenn du roboterartig durchs Leben gehst, dann bleibt das Zwischenmenschliche auf der Strecke. Das haben natürlich auch meine Kinder mitbekommen, dass ich nicht ansprechbar war, dass ich schnell gereizt war, dass ich depressiv war, sprich nicht gelacht habe, nicht wie sonst mal rumgeblödelt habe. Ich blödel eigentlich unglaublich gerne zu Hause rum. Das ist für mich eine Art Ventil, wenn es mir zu viel wird, ich kann ja nicht jeden Tag drei Kilo Schokolade essen, damit es mir wieder gut geht, aber ich kann so ein bisschen rumblödeln und mich dadurch über Situationen, die mich nerven, lustig machen und das ist eigentlich immer ein gutes Ventil. Danach geht es mir immer gut. Ich brauche dann keinen Sandsack, auf den ich einschlagen kann, sondern ich verarsche einfach die Situation, in der ich bin, oder ich verarsche mich selber. Oder, wird auch gerne genommen, ich verarsche andere, mit denen ich dann zusammen lachen und sagen kann: »Na, siehste, ist ja alles nicht so schwierig.« Das habe ich geschafft. Ich habe es geschafft, meine Familie wieder zusammenzuführen, ich habe es geschafft, mit meinen Kindern eine gute Basis herzustellen.

Für Kinder ist es sehr abstrakt, wenn man ihnen erklärt, dass man eine Depression hatte, die überwunden wurde, und dass man dazu in einer Klinik war. Therapeuten, Gruppensitzungen – man könnte ihnen das natürlich erklären, aber sie würden es nicht verstehen. Ich hatte es trotzdem geschafft, mir dieses tolle Zusammensein mit meinen Kindern zurückzuerobern, indem ich einfach Präsenz gezeigt habe, indem ich einfach da war, indem ich wieder auf meine Kinder eingehen konnte. Ich konnte mich mit meinen Kindern wieder unterhalten, ich konnte – ganz wichtig – wieder zuhören. Ich habe Zusammenhänge verstanden, ich konnte Hilfestellung leisten. Ich konnte mich aber auch einfach streiten – das werdet ihr selbst kennen, wenn ihr pubertierende Kinder habt, da gibt es ja nicht immer eine Lösung bei diesen kleinen pubertierenden Monstern, die alles scheiße finden. Es ist auch gar nicht wichtig, bei pubertierenden Kindern immer eine Lösung zu finden, sondern es ist einfach auch mal gut, die pubertierenden Kinder alles scheiße finden zu lassen. Selbst wenn sie gegen dich sind. Ich wurde zum Beispiel oft »Kacka-Papa« genannt, weil ich irgendwelche Sachen nicht so gemacht habe, wie sich das meine Kinder vorgestellt haben. Und dann ist man einfach mal vierundzwanzig Stunden am Tag der »Kacka-Papa« und dann muss man sich auch mal anhören, dass der Papa von gegenüber, der Feuerwehrmann ist, alles viel besser macht als man selber und erziehungstechnisch kann der Feuerwehrmann auch über Wasser gehen. Wahrscheinlich ist es gegenüber so, dass die Kinder in der Feuerwehrmannfamilie sagen: »Ey, ich hätte viel lieber, dass Kurt Krömer mein Vater ist, denn der ist Komiker und da kann man vierundzwanzig Stunden am Tag lachen.«

PRIVAT

Vielleicht hast du dich gefragt: Wie läuft das eigentlich alles ab, bis man in so eine Klinik kommt? Das ist ja eigentlich das größte Problem, was man als Depressiver hat, dass man überhaupt nicht weiß, wer kümmert sich denn jetzt? Wenn du denkst, dass du eine Depression hast, dann gehst du erst mal zu deinem Hausarzt. Am besten sogar zu einem Arzt, der dich gut kennt, der hat deine Akten da und weiß Bescheid. Dieser Hausarzt wird dich dann überweisen an einen Therapeuten oder an einen Psychiater. Der Psychiater ist derjenige, der eine Einschätzung abgeben kann. Ob du nun depressiv bist oder nicht, findet er eigentlich relativ schnell raus, weil er einen Test mit dir macht, sprich: Er stellt dir Fragen. Und dann wird entschieden, wie es weitergehen soll. Ein weiteres großes Problem sind natürlich: Termine. Heutzutage einen Termin zu bekommen bei einem Psychiater, nur für diese eine Stunde, in der du getestet wirst, ist schon relativ schwierig, wenn du gesetzlich versichert bist. Selbst wenn du das schon geschafft hast, wenn du vom Psychiater kommst und deine Einschätzung hast, dann dauert es gut und gerne noch mal sechs Monate, bis du überhaupt einen freien Platz in einer Klinik bekommst. Das stellt für mich das größte Problem dar. Wenn du depressiv bist, dann hast du nicht die Kraft, dich mit Krankenkassen auseinanderzusetzen. Du hast auch keine Kraft, die Krankenkasse anzurufen und zu erfragen, warum du jetzt so lange auf einen Platz warten musst, obwohl du den vielleicht dringend nötig hättest. Da sind wir bei einem sehr großen Problem, auch was dieses Buch betrifft. Ich bin nicht gesetzlich krankenversichert, ich bin privat versichert. Vor etwa zehn Jahren hatte ich mich dazu entschieden, dass ich meinen Kindern die bestmögliche Versorgung bieten möchte. Als Vater rechnet man ja immer mit dem Schlimmsten. Was, wenn meine Kinder wirklich schwer erkranken? Wer versorgt die Kinder, in welchem Krankenhaus kommen sie unter? Geben die sich da Mühe? Und es ist leider Gottes so, dass sich die Leute natürlich sehr große Mühe geben, wenn du privat versichert bist. Das war bei mir nämlich immer so. In meinen ersten Jahren als Künstler war ich bei der Künstlersozialkasse versichert, die eigentlich sehr gerecht ist. Eine sehr humane Geschichte. Jeder zahlt so viel ein, wie er hat. Verdiene ich sehr viel Geld, zahle ich viel ein in die Künstlersozialkasse, verdiene ich ganz wenig, zahle ich halt einen Minimalbetrag. Das hat mir als altem Punk gefallen, als jemand, der das System damals scheiße fand und dagegen rebelliert hat, als jemand, der auch heute noch für Gerechtigkeit ist und sogar einen Gerechtigkeitsfimmel hat. Und trotzdem habe ich mich irgendwann dazu entschieden, meine Kinder und mich privat zu versichern. Ich könnte jetzt natürlich ritterlicher dastehen, wenn ich sagen würde, ich wäre gesetzlich versichert. Ich könnte auch einfach lügen und sagen, ich bin gesetzlich versichert, dann verkauft sich dieses Buch besser und alle würden sagen: »Guck mal, der ist einer von uns.« Ich habe auch überlegt, ob ich das hier einfach weglasse, ob ich einfach nur sage: »Ich war in der Klinik, fertig ist die Laube.« Es muss sich ja nicht immer jeder zu allem erklären. Mein kleiner Angriff auf das Gesundheitssystem kommt vom hohen Ross, das ist mir klar, aber ich würde mir wirklich wünschen, dass das überall so abläuft wie bei der Künstlersozialkasse, dass man einfach sagt: »Wer mehr verdient, knallt auch mehr rein.« Das würde bedeuten: Ich zahle weiterhin dasselbe, was ich jetzt zahle, bin aber gesetzlich versichert und kann durch meinen hohen Beitrag andere Familien unterstützen, die vielleicht nicht so viel einzahlen können.

KARRIERE 2.0

Ich denke da schon viele Jahre drüber nach: Jeder möchte ja das Beste für seine Kinder. Oft kommt man aber irgendwann an den Punkt, an dem man merkt, dass man nicht weiterkommt, man steht vor einer hohen Mauer und kommt einfach nicht weiter. Das kann man auf das Gesundheitssystem, das Schulsystem, sogar auf das Fernsehen anwenden. Fernsehen hat sich dermaßen verändert und ist überhaupt nicht mehr relevant, für manche Menschen sogar nicht mal mehr existent. Ich habe manchmal das Gefühl, ich bin der Einzige, der noch einen Fernseher an der Wand kleben hat. Das schläft alles ein. Das gesamte Fernsehen ist für mich wie die Titanic. Im Maschinenraum läuft schon alles voll mit Wasser, die arbeitende Bevölkerung da unten ist schon kurz vorm Sterben. Manchmal kommt es vor, dass die Menschen von unten mal kurz hochgehen in den Tanzsaal, wo noch Champagner gereicht wird und die Kapelle noch spielt und alle tanzen und keiner Sorgen hat. Die Menschen aus dem Maschinenraum sagen dann: »Leute, wir müssten jetzt langsam mal sprechen, denn gleich fliegt uns hier die ganze Bude um die Ohren.« So ist für mich Fernsehen. Zur Hälfte eigentlich schon unter Wasser.

Der Untergang findet seit Jahren statt, aber keiner reagiert. Die Kapelle spielt noch.

Ich bin wirklich ein großer Freund davon, Fernsehen zu machen, etwas zu entwickeln und ständig auszuprobieren. Damit kämpfe ich schon immer gegen Windmühlen. Das öffentlich-rechtliche Fernsehen ist wie ein Kreuzfahrtschiff. Und wenn das Kreuzfahrtschiff den Hafen verlässt und man merkt: »Scheiße, ich hab vergessen Zigaretten zu kaufen, können wir noch mal umdrehen?« – ist das mit so einem riesigen Dampfer einfach nicht möglich. Mit einem kleinen Motorboot oder Jetski wäre das kein Problem, fahr ich noch mal zurück zum Hafen, hole mir eine Schachtel Zigaretten und dann geht es wieder weiter. Damals bei »Krömer Late Night« war ich eben irgendwann gegen diese schon erwähnte Mauer gelaufen. Da etwas weiterzuentwickeln, etwas an die Jetztzeit anzupassen, war einfach nicht möglich. Ich wusste ab einem gewissen Punkt, dass ich nur noch die Atombombe zünden und die ganze Scheiße in die Luft sprengen konnte. Ich habe damals gedacht: »Mir macht Fernsehen so keinen Spaß. Wenn ein Schiff untergeht, wenn das ganze Fernsehen irgendwann abgeschafft wird und ihr alle so tut, als wäre nichts, dann ist mir das zu blöde.« Dann folgte fernsehtechnisch bei mir fünf Jahre lang die große Hofpause, wie ich gerne sage. Ich habe in der Zeit viel darüber nachgedacht, wie Fernsehen heute funktioniert oder wie es funktionieren sollte, und als dann die Anfrage vom rbb kam, ob ich nicht mal wieder Bock hätte, etwas zu machen, war ich eigentlich bereit. Rbb heißt aber natürlich auch, dass nur für Berlin und Brandenburg produziert wird. Das war eigentlich das beschissenste Angebot ever, weil ich ja auch Fans in Freiburg, Hamburg, München, Stuttgart, Kiel, Bremen, Lübeck, Österreich und der Schweiz habe, und die empfangen den rbb alle nicht analog. Das bedeutete für mich, mehrere Schritte rückwärtszugehen. Mein Kompromiss lautete so: »Okay, ich habe da eigentlich schon Bock darauf, aber lass uns mal ›Internet first‹ machen, also wir zeigen die Sendung, die ich für euch, für Berlin und Brandenburg, mache, einen Tag vor der Ausstrahlung bei YouTube.« Und ich sollte recht behalten. »Chez Krömer« ging komplett durch die Decke. Würde es das Internet nicht geben, dann wäre »Chez Krömer« von den Quoten her beim rbb eigentlich ein absoluter Misserfolg. Ich war noch nie in meinem Leben so erfolgreich wie mit dieser Sendung, die von bis zu zwei Millionen Menschen geguckt wird. Von daher ist jetzt der Moment, wo ich mir selber mal auf die Schulter klopfen und sagen kann: »Haste jut jemacht! Karriere 2.0 ist gestartet.«

Teil 3

IDENTITÄTS-KRISE

Juni 2021. Momentan stecke ich in so einer Art Identitätskrise. Ich befinde mich im Übergang. Man kann sagen, ich war depressiv, ich habe aus der Depression herausgefunden und jetzt bin ich im Übergang. Ich möchte irgendwo hin, weiß aber noch gar nicht, wo dieser Ort ist. Es fühlt sich so an, als hätte ich sehr lange im Koma gelegen, wäre kürzlich wieder aufgewacht und ganz viele Leute stünden um mich herum, die sagen: »Super, du bist wieder wach. Du warst acht Jahre lang nicht ansprechbar.« Ich wünsche mich also irgendwie in eine Zeit zurück, die vor mehr als acht Jahren stattgefunden hat. Diese acht Jahre fehlen mir ja und trotzdem waren sie existent. Ich kann nicht einfach sagen, ich gehe acht Jahre in der Zeit zurück und mache genau da weiter, wo ich aufgehört habe. Denn die Depression, so blöd es sich anhört, hat etwas mit und aus mir gemacht. Das hat mich charaktertechnisch, das hat mich seelisch weitergebracht.

Aber wie gesagt, ich bin jetzt gerade dabei zu begreifen, was in den letzten acht Jahren passiert ist. Vor ein paar Monaten hatte ich das Gefühl – und ehrlich gesagt habe ich mich da ziemlich reingesteigert –, dass ich der absolute Langweiler sei. Das war so ein Tag, an dem ich kinderfrei hatte, ich lag den ganzen Vormittag auf der Couch und plötzlich kam dieses komische Gefühl in mir auf, das ich nicht sofort deuten konnte. Da war ein diffuser Bauchschmerz. Ich habe dann einen Kumpel angerufen, ihm die Situation erklärt und gefragt: »Was ist das denn?« Er musste sehr lachen und hat geantwortet: »Du langweilst dich gerade.« Und dann musste ich auch laut lachen. Das Gefühl von Langeweile war mir völlig abhandengekommen. Ich war in den letzten acht Jahren immer beschäftigt, entweder mit den Kindern oder mit der Arbeit oder mit meinen Problemschrauben. Du bist ja fünfzehn, sechzehn Stunden am Tag mit Denken beschäftigt, da ist keine Zeit für Langeweile. Dieses Gefühl der Langeweile war für mich nicht wirklich schön, also dachte ich: »Na ja, dir ist gerade langweilig, du bist allein, aber du bist ja nicht einsam. Du rufst jetzt eben Freunde an und verabredest dich.« Aber dann habe ich mich selbst gebremst, ich dachte, ich wollte nicht auf Biegen und Brechen Freunde anrufen, die dann nur den Zweck erfüllen, mir die Langeweile zu vertreiben. Ich wollte dieses Gefühl voll auskosten und sehen, was ich gegen die Langeweile tun konnte. Ich wollte das einfach aushalten. Wenn ich mich mit Freunden treffe, sollen nicht meine Probleme im Vordergrund stehen, auch wenn man natürlich darüber reden kann. Ich habe es also ausgehalten und irgendwann in den kommenden Wochen passierte es ganz organisch, ein Kumpel rief an und fragte: »Hast du am Wochenende Zeit?« Und dann habe ich gesagt: »Ja, ich habe Zeit. Lass uns mal treffen.« Und an dem Punkt bin ich jetzt, ich habe das Wort »Langeweile« für mich durch das Wort »Müßiggang« ersetzt. Ich lege also manchmal einen Müßiggang ein. Ich finde das eines der schönsten Wörter, die es gibt. Da hat man auch keine Schuldgefühle, dass einem langweilig ist, dass das jetzt ein blödes Gefühl ist. Nö, Müßiggang. Spazieren gehen, sich treiben lassen oder zu Hause auf der Couch liegen, nachdenken. Und das für sich dann auch abschließen und sagen: »Ja, das hat mir jetzt einfach gutgetan.« Stresslevel einfach mal nach unten drücken. Damit war auch diese Angst vorbei, ich könnte langweilig sein. Ich hatte mich eine Zeit lang unglaublich ungern im Spiegel angeguckt, weil ich dachte: »Oh Gott, bist du langweilig.« Das hat richtig wehgetan und dann dachte ich, auf der anderen Seite bin ich ja auch Künstler, ich trete auf und ich habe eine Fernsehsendung, ich spiele live, ich bringe einfach unglaublich viele Menschen zum Lachen. Also ganz unnütz ist das ja nicht, was ich mache. Mir wurde dann klar, dass meine Energie anders verteilt ist als bei anderen Menschen. Sagen wir mal, ich spiele in Hamburg abends live, dann bin ich nicht den ganzen Vormittag damit beschäftigt, mir etwas auszudenken, aber ich merke schon, wie ich so insgeheim meine Energie beisammenhalte, um dann abends um 20 Uhr auf der Bühne komplett zu explodieren. Und dann wird die ganze Kraft, die ganze Energie für zwei, drei Stunden komplett verschenkt und verschleudert. Und das ist eine Sache, die macht mich happy, und ich glaube, dass die Zuschauer, die da im Saal sitzen, auch auf ihre Kosten kommen. Ich war vielleicht tagsüber manchmal langweilig, dafür war ich abends dann interessant. Das ist noch immer eine kleine Baustelle, zu erkennen, dass ich nicht Vollzeit langweilig bin, sondern nur halbtags. Ich möchte mich auch gern bald wieder im Spiegel anschauen und sagen können: »Alex, du bist alles, aber nicht langweilig.«

DER URLAUB

Der Urlaub mit der gesamten Familie stand an. Coronabedingt war ja damals nicht so viel möglich. Griechenland galt als sicher, also habe ich vierzehn Tage Urlaub in Griechenland für uns alle gebucht. Ich hatte vor diesem Urlaub einen Riesenschiss.

Eigentlich hatte ich heimlich noch gedacht, dass das alles nichts würde. Das kannte ich aus der Vergangenheit. Ich hatte schon zigmal nach Ferienhäusern geguckt. In meinem Gehirn hatte sich unverrückbar manifestiert, dass man ein Jahr im Voraus nach einem Ferienhaus suchen musste, sonst wäre alles ausgebucht oder unbezahlbar. Ich hatte oft zwölf Monate im Vorfeld der angepeilten Reise nach Häusern geschaut. Die Häuser durften keinen Pool haben oder der Pool musste umzäunt sein, weil die Kinder noch so klein waren und die Gefahr sehr groß, dass sie nachts oder frühmorgens aus dem Haus rennen und im Pool ertrinken würden. Das war mein Horror. Ich habe also endlos recherchiert. Und auf einmal waren es nicht mehr zwölf Monate im Vorfeld, sondern es waren nur noch elf Monate, dann nur noch zehn. Und dann mischte sich die Depression ein. Der innere Kritiker sagte: »Der Urlaub ist gelaufen, es sind nur noch zehn Monate.

Du kriegst nichts mehr. Die Häuser haben bestimmt alle keinen Zaun um den Pool.« Und die schwarze Wolke über meinem Kopf wurde immer größer, bis ich dann alles habe stehen und liegen lassen und entschieden habe, das wird nichts. Wenn Freunde oder Kollegen gefragt haben: »Und, wo geht's denn im Sommer hin?«, habe ich mich geschämt. Ich habe dann etwas erfunden, habe Sätze gesagt wie »Zuhause ist es am schönsten« oder »Man muss ja nicht immer wegfahren«. Aber tief in mir drin war eine große Traurigkeit. Wieder dieses »Das schaffst du auch nicht« oder »Das kannst du auch nicht, du kannst nicht mal Urlaub buchen für deine Familie«. Ich habe es jahrelang versucht, es hat nie geklappt. Und jetzt, im Jahre 2021, sollte es also zwei Wochen nach Griechenland gehen. Der Urlaub war gebucht, mit dem Hausbesitzer war abgesprochen, dass, wenn Griechenland zu einem Risikogebiet mutiert wäre, wir von der Reise hätten zurücktreten können. Und dann war es so weit, es war der 7. Juli 2021. Der Flug nach Kreta stand bevor. Ich hatte Angst. Immer wieder habe ich mich gefragt: »Was ist das jetzt eigentlich für eine Angst? Wovor hast du Angst?« Ich hatte Angst davor, nicht zu wissen, was ich packen musste, dass ich die Hälfte vergessen würde. Dabei haben die Mütter der Kinder die Koffer für die Kinder gepackt, meine Mutter hat sogar geholfen. Einen Tag vor der Abreise stand alles schon parat. Zu Zeiten der Depression hätte ich sicher einen Abend vor Abflug noch mal alle Koffer durchstöbert, hätte Listen gemacht, unendlich lange Listen von Sachen, die man im Urlaub braucht, die man auf gar keinen Fall vergessen darf. Dieses Mal habe ich das gleich abgegeben. Ich habe, bis wir in Griechenland ankamen, nicht einmal in die Koffer der

Kinder geguckt. Ich habe vertraut, habe den Ex-Frauen vertraut, dass die schon so packen werden, dass alles da ist, was die Kinder im Urlaub brauchen. Ich habe meiner Mutter vertraut. Und somit ging es also nur noch um meinen eigenen Koffer. Meinen eigenen Koffer habe ich in der Nacht vor der Reise gepackt. Unser Flug war von 15:00 Uhr auf 08:00 Uhr morgens vorverlegt worden. Das hieß, dass wir um 04:30 Uhr aufstehen und dann eine Stunde zum neuen Flughafen Berlin-Brandenburg fahren müssten. Ich wusste, ich würde die Nacht durchmachen. Ich kann nicht um 20:00 Uhr schlafen gehen, damit ich dann um 04:30 Uhr ausgeschlafen und gut gelaunt am Start bin. Ich hatte auch Angst zu verschlafen. Ich hatte aber genauso viel Angst davor, die Nacht durchzumachen, keinen Schlaf zu bekommen und diese Reise nach Griechenland völlig genervt anzutreten. Irgendwann hatte ich es dann geschafft, um 01:00 Uhr nachts war mein Koffer gepackt. Ich hatte keine Liste, nichts zum Abhaken. Für jemanden, der ein Jahr zuvor noch damit überfordert war, sechs Lebensmittel, die auf einem Zettel standen, im Supermarkt zusammenzusuchen, war das eine mordsmäßige Leistung. Und ich hatte sogar geschlafen, auch wenn es nur zwei Stunden waren. Ich hatte meine Mutter vorsichtshalber noch gefragt, ob sie uns um 04:30 Uhr wecken könnte, damit ja nichts schiefging. Alles war geplant. Und dann bin ich von alleine um 04:20 Uhr aufgestanden und war bereit. Die Koffer waren gepackt, die Kinder waren geweckt und angezogen, die kleinen Rucksäcke waren gepackt, die iPads waren geladen, die Kopfhörer waren am Start. Und es ging los. Taxi gerufen, ab zum Flughafen. Auf der Fahrt zum Flughafen ist mir dann aufgefallen, dass ich mein Ladekabel fürs Handy vergessen hatte. »Scheiß drauf, keine Panik! Kann man sich neu kaufen«, dachte ich dann. In diesem Moment ist mir aufgefallen, dass man eh alles neu kaufen konnte. Also diese Angst, in den Urlaub zu fahren und die Hälfte zu vergessen, war völlig unbegründet gewesen. Aber trotzdem war noch Angst da. Könnten die Koffer zu schwer sein? Alles Sachen, die vor einem Jahr Panik in mir verursacht hätten. Und jetzt war es halt nur noch eine Angst. Die Angst, mein Koffer könnte fünf Kilo zu schwer sein. Was machte man dann eigentlich? Ich hatte mich damit noch nie beschäftigt. Musste man dann fünf Kilo aus seinem Koffer rausnehmen und dalassen? Gab es Schließfächer im Flughafen? Musste man vor den Mitarbeitern der Fluggesellschaft fünf Kilo Gepäck nehmen und das in eine Mülltonne werfen? Was passierte denn eigentlich? Kam man ins Gefängnis? Würde man abgeführt? Würde man vor Ort erschossen? Wahrscheinlich musste man draufzahlen. Wie viel nur? Eine Million? Eine Milliarde? Würde daran die gesamte Reise nach Griechenland scheitern? Unsere Koffer wogen alle 22 Kilo. 24 Kilo wären erlaubt gewesen. Perfekt gepackt! Ohne zu wiegen.

Dann waren wir beim Check-in, alle Impfpässe von allen Kindern, einem Erwachsenen und der Kinderfrau vorzeigen. Ich hatte alles in meiner Brusttasche, auch die Vollmachten der Ex-Frauen: »Ja, Herr Bojcan darf mit seinen Kindern Deutschland verlassen. Er darf mit seinen Kindern nach Griechenland.« PCR-Tests. Alles am Start. Ich stand vor der Sicherheitskontrolle und ich dachte nur: »Alexander, wenn du jetzt durch diese Sperre kommst, dann fängt der Urlaub an. Was soll noch passieren? Es könnte sein, dass die Koffer nicht ankommen – scheißegal.« Und auf einmal machte sich eine riesengroße Freude in mir breit. Die Sicherheitssperre zu durchlaufen, bedeutet, der Urlaub hatte begonnen. Und die Gedanken, die ich mir monatelang gemacht hatte, waren wie weggewischt. Der Urlaub startete in diesem Moment. Dann sind wir in die Maschine gestiegen, eine Stunde nach München geflogen und dort hatten wir einen Aufenthalt von vier Stunden. Ich hatte mir auch darüber mordsmäßig den Kopf zerbrochen – was würde ich vier Stunden mit vier Kindern machen? Was wäre, wenn die durchdrehen? Was wäre, wenn die Langeweile hätten? Was, wenn sie streiten würden? Was sollten wir da vier Stunden lang machen? Aber: Ich war im Urlaub. Ich war durch die Sicherheitssperre in Berlin gelaufen und ich war im Urlaub. Vier Stunden am Münchner Flughafen rumhängen ist doch geil. Erst mal ein Ladekabel fürs Handy kaufen. Die Familie versorgen. Ich bin dann umhergeschwirrt und hab Süßigkeiten besorgt. Mittagessen. Zeitschriften. All diese Sachen. Immer wieder habe ich mir ein anderes Kind geschnappt: »Komm, wir gehen ein Ladekabel kaufen«, »Komm, wir holen was Süßes«, »Komm, wir holen Pommes«, »Komm, wir holen Baguettes«. Ich war selig. Ich hätte auch vierzehn Tage lang im Airport München verbringen können, ich wäre der glücklichste Mensch der Erde gewesen. Für mich war das absolut geil. Absolut beste!

Irgendwann waren wir dann auf Kreta. Es war heiß, dreißig Grad. Ich war perfekt gekleidet, kurze Hose, T-Shirt. Die Kinder waren perfekt gekleidet, kurze Hose, T-Shirt. Ich war so überwältigt von mir selber, dass ich diesen Koffer gepackt hatte ohne Liste, ohne Angst, ohne Manie. Und dann kamen unsere Koffer vom Band. Jedes

Kind hat sein Köfferchen genommen, ich habe mein Köfferchen genommen, wir wurden abgeholt und dann sind wir ungefähr eine Stunde vom Flughafen zum Haus gefahren. Dort angekommen habe ich als Erstes den Pool gesehen. Dieser Pool war auf der einen Seite ungefähr dreißig Zentimeter tief und zum Ende hin war er dann vielleicht eins siebzig tief. Auf jeden Fall stellte er keine Gefahr dar, außerdem sind meine Kinder jetzt schon so alt, dass man nicht mehr auf sie aufpassen muss. Die Gefahr, dass sie morgens um 04:00 Uhr aufstehen und aus Versehen in den Pool fallen, war sehr gering. Da hat die Zeit mir natürlich in die Karten gespielt.

Die Kinder wurden morgens von der Kinderfrau betreut. Ich konnte ausschlafen, keiner ist in den Pool gefallen. Die Kinder waren zwar vierundzwanzig Stunden am Tag im Pool, aber das Kind, das noch nicht schwimmen konnte, hatte die Schwimmflügel um. Die anderen konnten ja schwimmen. Drei von vier Kindern können doch schwimmen, Alexander! Aber diese Angst war halt da gewesen. Und jetzt war sie weg. Ich musste rückschauend lachen über einen Typen an der Sicherheitskontrolle des Flughafens, der hatte einen weißen Bart und lange weiße Haare und ich hatte gesagt: »Guck mal, Gott arbeitet jetzt am Berliner Flughafen. Gott hat Langeweile gehabt. Der hat sich gesagt: ›Ey, ich hab immer gesagt, ich bin einer von euch, und ich bin einfach auf die Erde gekommen, weil ich jetzt hier die nächsten Jahre als Sicherheitsbeamter am Check-in arbeiten möchte.‹« Und Gott hatte einen guten Tag gehabt. Gott hatte uns alle durchgeschleust. Gott hatte nichts bei uns gefunden, keine Drogen, keine Waffen, auch bei den Kindern nicht. Dieser liebe Gott

Sicherheitsmann, der hat die Ängste weggemacht. Die Ängste waren einfach nicht mehr da. Ich war in Griechenland aus dem Flieger gestiegen und hatte gesagt: »Also jetzt noch mal wirklich Leute, wir sind jetzt im Urlaub, wir haben unsere Köfferchen – es kann jetzt losgehen.« Ich hatte ab dato keine Angst mehr. Ich bin in das Haus, ich habe den Pool gesehen, ich musste lachen, weil ich dachte: »Wie sollen die denn da ertrinken? Da ertrinkt nicht mal jemand, der keine Arme und keine Beine mehr hat, wenn man den da reinschubst.« Ich war im Himmel.

Das Wetter war gut, die Sonne brannte und ich habe versucht, in mich reinzuhören und mich nach meinem Gefühl zu befragen. Und mein Gefühl sagte: »Alexander, du spielst jetzt das Bräunungs-Game. Du wirst jetzt einfach mal braun.« Zum letzten Mal so richtig braun war ich wahrscheinlich in der Grundschule gewesen, in den Sommerferien. Wir hatten ja keine Kohle, wir haben jeden Tag eine Mark bekommen und dann sind wir ins Schwimmbad. Mit einem Schwimmpass kamen wir umsonst ins Freibad und das haben wir sechs Wochen lang gemacht. Morgens um 8 Uhr haben wir uns getroffen und dann sind wir in Humboldthain ins Freibad gegangen und da waren wir dann zehn Stunden am Tag. Da war ich braun. Ich wollte mal wieder so braun werden wie der junge Alexander damals. Also begann das Bräunungs-Game. Natürlich hatte ich am ersten Abend den Sonnenbrand meines Lebens. Ich sah aus wie Mr. Krabs von SpongeBob Schwammkopf, aber es hat zum Glück nicht wehgetan. Tag eins, Kreta.

Am nächsten Tag habe ich bis mittags gepennt. Nach dem Aufstehen habe ich wieder in mich reingehört: »Wie bist du denn eigentlich drauf?« Und ich war total happy, ich war im Urlaub. Wie sollte es mir gehen? Ich hatte diese ganze Scheiße hinter mich gebracht und war im Urlaub. Ich hatte keine Termine, keine Verpflichtungen. Draußen waren es dreißig Grad, das einzige Problem, das ich hatte, war, ob ich ein T-Shirt brauchte oder nicht. Und: Was gibt es zum Frühstück, Mittag und Abendbrot? Das war so die Kategorie Probleme auf Kreta. Das fühlte sich alles so leicht an. Wir hatten nichts zu essen, dann fuhren wir ins Dorf und holten uns was zu essen. Wir hatten keinen Bock auf Kochen, dann gingen wir eben ins Restaurant. Alles war leicht. Auch der Umgang mit den Kindern war leicht. Die haben die erste Woche komplett in diesem kleinen Pool verbracht. Wir hätten dieses Haus gar nicht verlassen müssen, wir hätten vierzehn Tage einfach nur in diesem Pool sitzen können. Aber da waren ja auch noch der große Pool aka das Meer, das kleine Dörfchen, die nahe liegende Stadt. Dieses Wasserrutschen-Paradies gab es auch noch. Ein Highlight jagte das nächste. Die Kinder waren fix und fertig. Und ich war selig, weil ich dachte: »Ich habe euch!« Nach acht Jahren habe ich euch mal einen Urlaub organisiert. Auch wenn ich weiß, dass ich krank gewesen und es einfach nicht gegangen war damals, habe ich mir immer Vorwürfe gemacht. Ich dachte, das kann doch wohl nicht wahr sein, dass ich den Kindern keinen Urlaub ermöglichen kann. Andererseits waren sie immer noch Kinder. Ich hatte es geschafft, mit den Kindern in den Urlaub zu fahren, solange sie noch Kinder waren. Und so wie es aussieht, werden wir das jährlich wiederholen. Wenn ich mir mein kleinstes Kind so angucke, dann werden das noch viele, viele Urlaube werden, die wir zusammen verbringen.

Meinetwegen kann das immer so weitergehen, auch wenn die Kinder schon groß sind, wenn sie vierzig oder fünfzig sind, werde ich denen immer noch sagen: »Ich habe es acht Jahre lang nicht geschafft, mit euch in den Urlaub zu fahren. Aber egal, kann man ja alles nachholen.« Man kann ja mal mit seinen fünfzigjährigen Kindern ins Phantasialand oder in den Vogelpark Waldsrode auf Urlaub fahren. Ich war gut drauf. Der Ballast war weg. Der schwere Rucksack war weg. Die chaotische Messiewohnung, die bis unter das Dach voll war mit Scheiße, war weg, die war leer. Da war nichts mehr. Ich dachte nicht mal mehr: »Oh, ich bin jetzt hier in diesem schönen Urlaub und wenn ich nach Hause komme, dann geht die Kacke wieder los.« Alles war aufgeräumt. Ich habe mich gefreut, Berlin zu verlassen, und ich habe mich auch gefreut, wieder nach Berlin zurückzukommen. Alles fiel von mir ab. Es wurde jeden Tag krasser. Ich habe dann sogar angefangen Sport zu machen. Ich ging jetzt schwimmen. Es gab ein Hotel in der Nähe und wir durften den Pool mitbenutzen. Ein Riesenpool, eher ein Schwimmbecken. Da bin ich geschwommen. Ich wollte jahrelang schwimmen gehen, aber in Berlin ist es so schwierig, in so ein Hallenbad reinzukommen, denn entweder ist Seniorenschwimmen oder Schulschwimmen oder Menschen trainieren für Olympia. Du kommst in diese verfickten Scheiß-Schwimmhallen nicht rein. Außerdem finde ich die hässlich. Und dann finde ich es auch ein bisschen peinlich, als Kurt Krömer da irgendwie halb nackt seine Bahnen zu schwimmen. Ich mag das gar nicht, beim Sportmachen beobachtet zu werden. Also Leute, ihr könnt mich bei allem beobachten, was ich so mache, ob ich eine Bank überfalle und auf Menschen schieße oder im

Park Omas schubse, aber beim Sport finde ich das immer scheiße. Und dann auch noch in Badehose und dann mit meinem Körper – das ist suboptimal, das will ich nicht. Beim Hotelpool hatte ich schnell raus, dass man die Essenspausen nutzen musste. Du kannst schön um 13 Uhr schwimmen, da sind nämlich alle beim Fressen, ab 17 Uhr machen sich alle schick, fürs große Fressen. Das waren meine Zeiten. Ich hatte den Pool meistens für mich ganz alleine. Und dann bin ich geschwommen und habe gemerkt, dass sich etwas verändert. Früher war ich sehr verbissen gewesen, was Sport anging. Als ich vor fünfzehn Jahren mit dem Joggen angefangen hatte, war ich zum Schlachtensee gefahren – einmal um den See rum sind es sechs Kilometer. Ich war der festen Überzeugung, dass ich diese Strecke laufen musste und dabei nicht anhalten durfte, sonst käme der Organismus nicht in Schwung und ich würde nicht abnehmen. Ich weiß nicht, wo ich diese Scheiße herhatte, wer mir das in den Kopf gepflanzt hatte. Gerade, wenn die Pumpe bei zweihundert Schlägen die Minute ist, wenn du einen knallroten Kopf hast, dann signalisiert dir der Körper doch: »Jetzt mach mal halblang, sonst bist du gleich tot.« Ich musste dreimal absetzen, weil ich keine Luft mehr bekam, und ich war sauer auf mich selbst, dass ich das nicht geschafft habe. »Du bist unsportlich«, »Du schaffst das nicht«, »Aus dir wird kein Sportler«, »Du nimmst nie ab«. Und als ich einmal rum war, habe ich in die Büsche gekotzt, weil der Körper einfach am Limit war. Der innere Kritiker hatte gesagt: »Sechs Kilometer, ohne Anhalten, voll durchlaufen, am besten noch mit Zeitangabe und die Zeit musst du laufen, denn wenn du die Zeit nicht erreichst, bist du schlecht.« Völliger Schwachsinn. Vernünftig wäre doch gewesen, locker anzufangen. Wenn man so unsportlich ist wie ich, reichen doch fünfzehn Minuten Bodenturnen am Tag oder auch nur eine Kerze. Alexander Bojcan macht einmal am Tag eine Kerze und lässt sich dafür fünfzehn Minuten Zeit, dann ist das doch allemal besser als gar kein Sport.

Auf Kreta bin ich dann in den Pool und hatte mir gar nicht vorgenommen, lange zu schwimmen, ich wollte einfach mal eine Bahn schwimmen und dann bin ich noch eine Bahn geschwommen und wieder zurück und wieder zurück. Und ich habe nicht auf die Uhr geguckt. In den zwei Wochen war ich vielleicht zehnmal schwimmen, richtig lange sogar. Wenn die Finger so richtig schrumpelig waren, wenn ich schon dachte, jetzt fallen gleich die Finger ab, weil die einfach zu weich sind, dann habe ich aufgehört. Und dann habe ich mich von der Sonne trocknen lassen. Bäm, hatte ich einfach richtig viel Sport gemacht. Ohne Angaben. Ohne Limit. Ohne irgendwie »Na wenn du jetzt nicht jeden Tag eine Stunde machst und tausend Bahnen schwimmst, dann wird aus dir nichts«. Ich habe mich bewegt. Das war ein gutes Gefühl.

Zu Beginn des Urlaubs habe ich ein Bild bei Instagram gepostet, auf dem ich in der Badehose auf der Terrasse stand und hinter mir die Berge zu sehen waren. Zurückgegelte Haare, Sonnenbrille, nassgeschwitzt, schon relativ braun nach dem vierten Tag. Ich dachte schon heimlich: »Mein Gott, ist auch irgendwie unangenehm. Ich mutiere hier schon richtig zur Insta-Bitch, jetzt fehlt nur noch, dass ich mein Essen fotografiere und das dann reinstelle.« Ein zweischneidiges Schwert. Einerseits dieses

Verhasste, die Oberflächlichkeit, dieses »Guck mal, ich bin in Griechenland, ich habe es geschafft, ich bin im Urlaub, hier, guck mal, wie braun ich bin«. Das sind eigentlich Sachen, die ich verachte, vor allem, wenn das jemand ernst meint. Andererseits war ich acht Jahre lang schwer depressiv gewesen und jetzt war ich sogar im Urlaub. Genauso habe ich es auch geschrieben, unter das Bild: »Acht Jahre depressiv gewesen, jetzt das erste Mal im Urlaub.« Ich wollte einfach lustig sein, habe mich am Meer fotografiert und geschrieben: »Zu Hause ist es am schönsten« und bei »Ort« hatte ich »Schwielowsee, Brandenburg« angegeben. Dann ist mir erst mal aufgefallen, wie viele Klugscheißer auf Instagram unterwegs sind. Es meldeten sich dann ernsthaft Leute, die schrieben: »Das ist doch gar nicht der Schwielowsee.« Kennt ihr Kasperletheater? Der Kasper ist im Vordergrund und von hinten kommt das Krokodil. Die Kinder im Publikum rufen alle: »Hinter dir, Kasperle, das Krokodil, das Krokodil!« Dann dreht der Kasper sich um und das Krokodil ist weg. Dann guckt der Kasper nach vorne und fragt: »Welches Krokodil?«, und die Kinder wieder: »Hinter dir, hinter dir, dreh dich um.« Der Kasper dreht sich um und das Krokodil ist weg. Das ist doch das Niveau, das ich da auf meiner Instagramseite kultiviere. Ein paar Tage später habe ich ein Bild gepostet, auf dem ich in die Ferne gucke und dabei ein Toastbrot esse. Die Caption lautete: »Alter Mann im Nirgendwo isst Käsestulle.« Dabei lief das Lied »I can see clearly now« von Johnny Nash. Daraufhin meldete sich ein Veganer, der mich öffentlich zusammenschiss, ob mir klar sei, dass für dieses Käsebrot, das ich da aß, qualvoll Tiere gemolken wurden und das Tierquälerei sei. Ich dachte nur:

»Fick dich, fick dich einfach!« Was hatte denn das damit zu tun? Hier war ein Mann, der war acht Jahre lang depressiv gewesen, der ist in seinem Urlaub und der isst ein Käsebrot. Und das Schärfste an der Geschichte war ja, dass auf dem Toast gar kein Käse war, sondern Wurst. Ich fand aber den Klang von »Alter Mann im Nirgendwo isst Käsestulle« besser als »Alter Mann im Nirgendwo isst Wurststulle«. Wie willst du denn heutzutage einen Post machen, der komplett peasy ist? Sollte ich auf Kreta erst mal in einen Supermarkt gehen und den Besitzer fragen, ob der Käse vegan sei? Ohne Griechischkenntnisse? Nur weil ich eine Story für die Deutschen posten wollte? Das war mir viel zu anstrengend, irgendwann lautet meine Caption dann: »Alter Mann steht im Nirgendwo und isst keine Käsestulle.«

Ich mache mir darüber viele Gedanken, weil ich oft merke, dass ich viel zu viel erkläre. Zum Beispiel, wenn ich über Rassismus rede. Ich sage ganz oft Sätze wie »Rassismus ist scheiße, Rassismus darf doch nicht sein«, ich erzähle ganz oft die Geschichte: »Versetz dich doch bitte in den syrischen Familienvater, dessen Land zerbombt wird. Und dieser Vater hat vier Kinder. Was will dieser Vater? Der Vater will, dass seine Kinder und seine Frau in Sicherheit sind. Was macht der Mann? Der flüchtet nach Deutschland, denn in Deutschland fallen keine Bomben und da sind die Kinder und die Frau sicher. Und keiner von denen will nach Deutschland, weil Deutschland so schön ist. Jeder möchte in seinem Land bleiben, aber das geht in Syrien nicht.« Diese Geschichte erzähle ich bis zum Erbrechen, weil ich immer möchte, dass Leute lernen. Dass sich vielleicht einer, der rassistisch ist oder der latent rassistisch ist oder der auf einem Überweg ist von peasy zum Rassisten, dass ich den dadurch noch stoppen kann. Ich erkläre und erkläre und erkläre.

Ich hatte da eine Sternstunde, als ich bei den Dragqueens aus dem BKA in ihrer Liveshow »Paillette noch schlimmer« war. Es ging um Homophobie und ich sagte: »Lass uns doch mal über Homophobie sprechen, so richtig weit ist ja die queere Community da noch nicht, was Toleranz angeht. Da haben wir noch einiges vor uns.« In dieser Zeit habe ich mir gern die Fingernägel lackiert. Jeden Tag eine andere Farbe. Und ich wurde ständig gefragt: »Warum lackieren Sie sich denn die Fingernägel?« Alles fing bei einem gemeinsamen Auftritt mit einem Kollegen an, der dafür bekannt war, Nagellack zu tragen. Ich hatte ihn in der Garderobe gefragt, ob er mir seinen Nagellack leihen würde, damit wir auf der Bühne die gleiche Farbe auf den Nägeln hätten. Und diesen Nagellack habe ich am nächsten Tag – ich hatte ja keinen Nagellackentferner – nicht abgemacht und außerdem fand ich die Farbe einfach geil. Ich habe dann aber gemerkt, wie mich die Leute angeguckt haben. Ich war in der U-Bahn, hatte eine Mate in der Hand und man konnte meine Fingernägel wirklich sehr gut sehen. Eine Frau, die mir gegenübersaß, schmunzelte so. Sie guckte auf mich, dann guckte sie auf den Nagellack. Am gleichen Tag noch schrieb sie mir über Insta: »Ich habe mich nicht getraut, aber ich würde Sie gerne mal fragen, Herr Krömer, wie heißt denn die Farbe von dem Nagellack?« Viele Menschen fanden das toll, viele waren gleichgültig, aber manche Menschen waren auch wirklich angeekelt.

Als ich meine bunten Fingernägel bei Instagram gepostet habe, kamen Fragen wie: »Bist du jetzt schwul?« Zum ersten Mal kam da die Frage auf, welche Sexualität Kurt Krömer eigentlich hat. Es kamen auch homofeindliche Nachrichten, die ich sofort blockiert habe. Und dann habe ich angefangen, mir nur den Daumennagel an der linken Hand zu lackieren und fand es dann sehr interessant, wenn ich zum Beispiel am Kiosk war und mir eine Schachtel Zigaretten gekauft habe, und der Mann oder die Frau hat dann den Daumennagellack gesehen, wie die dann guckten. Ich als heterosexueller Mann wurde deswegen blöd angeguckt, manche fragten auch einfach ganz verwundert. »Na, ich kann doch wohl Nagellack tragen. Nagellack ist doch nicht nur für Frauen da. Wenn ich das schön finde, dann kann ich das doch machen«, war meine Antwort. Und da habe ich gemerkt, dass wir noch einiges vor uns haben.

An dem Abend bei meinen zwei neuen queeren Freundinnen habe ich dann selber in der Liveshow gesagt: »Weißt du, also bei mir, ich weiß ja, wie der Hase läuft. Wenn ich mich privat mit euch treffen würde, würde ich niemals über das Thema reden, ich würde euch gegenüber niemals den Satz aussprechen: ›Man muss doch nichts gegen Schwule haben, das ist doch völlig normal‹.« Ich finde das so bescheuert. Ich bin in der Varieté-Szene groß geworden. Da ist alles voll mit Schwulen und Lesben und auch mit internationalen Künstlern, also Thema Rassismus. Für mich war immer klar, dass es in meinem Beruf bunt und international zugehen muss. Dieses ständige Positionieren, zu sagen: »Rassismus ist scheiße«, »Lass doch die Schwulen, ist doch völlig normal«, »Soll man doch machen, wie man sich fühlt«, das ist mir im Urlaub bewusst geworden, dass ich darauf keinen Bock mehr habe. Ich habe keinen Bock mehr zu sagen: »Mein Name ist Kurt Krömer. Ich habe nichts gegen Ausländer.« Und jetzt können Sie meinetwegen fünfzig Jahre warten, hier wird kein »aber« kommen. Punkt. Ich möchte das nicht mehr. In Zukunft bin ich einfach so arrogant, dass ich voraussetze, dass, wenn man Krömer mag, man bitte wissen soll, dass der offen ist, dass der nichts gegen die queere Community hat, dass der nichts gegen Ausländer hat, dass der nichts gegen Jugendliche hat, gegen junge Menschen, gegen alte Menschen. Es geht für mich immer um Gerechtigkeit. Ich bin kein Heiliger, aber ich glaube schon, dass ich immer gerecht zu den Menschen bin, mit denen ich zu tun habe. Wenn du auf Gerechtigkeit stehst, dann ist doch klar, dass du für Feminismus bist, dann ist doch klar, dass du die queere Community unterstützt, dass du pro Flüchtlinge eingestellt bist, und natürlich, wenn in deinem Land Krieg ist, dann komm doch bitte in mein Land, hier ist kein Krieg und dann bleibst du hier so lange, bis du wieder nach Hause kannst, wir geben dir Asyl. Warum auch nicht? Ich habe einfach keinen Bock mehr, irgendwelche Leute zu überzeugen. Das werde ich außer der Reihe bestimmt immer noch mal machen. Wenn ich merke, dass jemand latent rassistisch ist, werde ich natürlich immer versuchen, den wieder auf den rechten Weg zu bringen. Aber dieses ständige Diskutieren mit Leuten, die der Meinung sind, die Erde sei eine Scheibe, da habe ich keinen Bock mehr drauf. Ich möchte eigentlich mehr mit

Leuten reden, die Bock haben, etwas zu verändern. Ich möchte mich in Zukunft mit Leuten unterhalten, die nicht am Tisch sitzen und sagen: »Der Klimawandel, schlimm, schlimm, schlimm«, sondern mit Leuten, die sagen: »Okay, das ist schlimm, aber lasst uns doch mal aufstehen. Lasst uns doch was machen dagegen.«

Das liebe ich total an dieser neuen, depressionsfreien Situation, dass ich den Kopf wieder frei habe, um über mehrere Dinge nachzudenken und mich schlauzumachen, über den Klimawandel oder Rassismus, die Flüchtlingskrise, Politik. Ich habe jetzt überhaupt erst wieder die Kapazitäten, über all diese Scheiße nachzudenken. Das tut natürlich auch weh. Viele denken ja, das Gegenteil einer Depression sei, dass du nur noch fröhlich bist, dass es nur noch heiter in deinem Leben zugeht, aber das ist Unsinn. Das wäre ja total oberflächlich. Ich freue mich sehr drüber, dass ich wieder kritisch bin und dass ich auch Bock habe, wieder auf den Putz zu hauen. Ich habe Bock etwas zu verändern. Leicht wird das nicht, klar, aber ich habe Bock darauf. Es gibt viel zu tun. Beste Leben läuft.

Wenn jeder mal guckt, was kann ich denn als einzelne Person jetzt wirklich tun, dann kommt vielleicht nur dabei raus, dass ich Müll trennen kann, aber dann trenne ich halt Müll. Dann trenne ich erst mal meinen eigenen Müll. Wenn ich sehe, dass der Nachbar eine Öko-Sau ist und den Müll nicht trennt, dann lade ich den ein und sage: »So schwierig ist es doch nicht.« Vielleicht trennt der Nachbar dann auch seinen Müll und dann sind wir schon zu zweit. Der Nachbar wird sagen: »Ey, ich kenne auch noch eine Öko-Sau, da können wir auch mal hingehen.« Irgendwann bist du zu dritt, schwöre ich dir. Irgendwann bist du derjenige, der in deinem Block alle dazu gebracht hat, dass die ihren Scheißmüll trennen. Was ist deine Fähigkeit?

Ich hatte eine schwere Depression, jetzt rede ich öffentlich darüber und kriege mordsmäßigen Zuspruch. Viele, viele Menschen haben gesagt: »Das ist geil. Das war stark, dieses Thema mal öffentlich zu machen.« Wenn das meine Fähigkeit sein sollte, Tabuthemen öffentlich anzusprechen, dann bin ich gerne der Ex-Depressive, der über seine Krankheit spricht. Wie ich das für mich verändert habe, wie mir dabei geholfen worden ist, aus der Depression rauszukommen, um ein Vorbild für andere zu sein. Um vielen Betroffenen sagen zu können: Ey, wenn du Angst vor dieser Klinik hast, die hatte ich auch. Mörderangst. Todesangst hatte ich vor dieser Klinik. So, jetzt war ich da acht Wochen drin und was ist passiert? Auf gar keinen Fall irgendwas Negatives. Im Gegenteil, ich wurde geheilt. Ich habe gut aus der Depression rausgefunden. Ich habe in der Klinik oft gedacht, egal ob du depressiv bist oder nicht, dieses Programm in der Klinik sollte jeder mal durchlaufen. Einfach mal lernen, sich um sich selbst zu kümmern. Sich um seine eigene seelische Gesundheit kümmern. Muster erkennen und durchbrechen. Grenzen erkennen. Achtsam sich selbst gegenüber sein. Lasst uns gucken, was jeder Einzelne tun kann, wo seine Kompetenz liegt, und ab dafür.

Anhang

Informationen und Hilfe für Betroffene und Angehörige

- Wissen, Selbsttest und Adressen rund um das Thema Depression unter www.deutsche-depressionshilfe.de
- deutschlandweites Info-Telefon Depression 0800 3344533
- fachlich moderiertes Online-Forum zum Erfahrungsaustausch www.diskussionsforum-depression.de
- Hilfe und Beratung bei den sozialpsychiatrischen Diensten der Gesundheitsämter
- Für Angehörige: www.bapk.de und www.familiencoach-depression.de

Bei Suizidgedanken: Wenn Sie sich in einer akuten Krise befinden, wenden Sie sich bitte an Ihren behandelnden Arzt oder Psychotherapeuten, die nächste psychiatrische Klinik oder den Notarzt unter 112.

Sie erreichen die Telefonseelsorge rund um die Uhr und kostenfrei unter 0800 111 0 111 oder 0800 111 0 222.